중년을 위한 동의보감 이야기

중년의 건강이 백세를 좌우한다

중년을 위한
동의보감 이야기

윤소정·유현용 지음

몸뿐 아니라 마음의 문제까지 다룬 한의학의 진가를 이야기하다

행성B

차 - 례

1장
원리를 알면 오해가 풀린다

2장
여성 질환 "여성 한 명을 치료하는 것이
남성 열 명을 치료하는 것보다 어렵다"

5장
아이들 질환 "부인 열 명을 치료하기보다
아이 하나를 치료하기가 어렵다"

서 - 문

중년 건강이
백세를 좌우한다

한의대 재학 시절 정현종 시인의 시 〈방문객〉을 접했는데요. 처음 읽었을 때부터 마음에 깊이 와닿았습니다. 특히 '한 사람의 일생이 오는 것'이란 시구에 오래 눈이 머물렀습니다. 이런 마음가짐으로 환자 한 분 한 분을 뵈어야지 새삼 다짐을 하게 되었지요.

한의원은 병의원 중에서도 조금은 특수한 공간입니다. 대부분의 병원은 정형외과, 신경정신과, 산부인과, 소아과 등으로 진료 과목이 나뉘어 있는데, 한의원에서는 전체적인 몸 상태를 상담하면서 치료를 해 나가니까요. 가령 허리가 아파서 정형외과에 가면 허리 통증에 대해서만 치료를 받지만, 한의원에서는 '허리가 아픈데, 어제 상한 음식을 먹고 체해서 속도 불편하다' 혹은 '두통이 심해져서 잠을 못 이룬다' 등 다양한 증상에 대해 이야기를 나누고 치료를 시작합니다. 더 나아가 '요즘 스트레스가 많아 이명이 생겼다'거나 '화병 때문에 가슴이 답답하고 한숨이 많아졌다'처럼 몸을 넘어 마음의 문제까지 짚어 내기도 합니다.

소중한 것들 중에서도 으뜸이 건강입니다. 천하를 얻고도 건강을 잃는다면 아무 소용이 없겠죠. 몸이 아프면 마음까지 힘듭니다. 그렇기 때문에 의사는 좀 더 세심하게 환자에게 다가가고 신중하게 치료하기 위해 노력해야 합니다. 이를 위해 선행되어야 할 것이 의사와 환자 사이의 믿음이지요. 이런 관계를 라포(rapport)라고 합니다. 한의원 환자분들은 비교적 오랜 기간 꾸준히 치료받는 경우가 많아 라포가 잘 형성되는 편입니다.

환자분들과 친해지면 진료 중에 이런저런 질문을 많이 받는데요. 한의학에 대해 잘못 알고 있거나 오해하는 부분도 많습니다. 이런 것들을 바로잡고 싶어 이 책을 쓰게 되었습니다. 사실 건강을 지키는 데 양방, 한방을 가릴 필요는 없어요. 질병과 증상에 맞게 그때그때 적절한 치료를 받으면 되지요. 하지만 아무래도 현대인은 서양의학을 먼저 떠올리고, 선택하는 치료 방식도 그쪽에 많이 치우쳐 있는 것이 사실입니다. 상대적으로 한의학에 대해선 잘 모르는 경우가 많습니다.

이 책은 《동의보감》을 통해 한의학의 원리, 치료법 등을 소개한 한의학 입문서입니다. 아이를 둔 40대 중후반 기혼 여성을 독자로 상상하면서 썼습니다. 마흔 전후에 노화가 본격화되지요. 몸이 이전 같지 않다는 걸 느끼기 시작합니다. 자신뿐 아니라 남편, 아이, 부모님들 건강에 더욱 관심을 갖고 신경을 쓰게 되는 시기예요. 방대한 《동의보감》의 내용 중에서 이런 분들에게 꼭 필요한 내용만 추려 책을 구성해 보았습니다. 여성, 남성, 아이들이 잘 걸리는 병을 선별하고 그 병을 어떻게 어떤 방식으로 치료하는지 가능한 한 쉽게 설명하려 했습니다. 제가 직접 치료한 환자분들 이야기도 소개하면서요.

《동의보감》 그리고 한의학은 오랜 기간 우리 민족과 함께해 왔습니다. 우리 생활 곳곳에 깊숙이 배어 있어 문화라고 해도 지나치지 않습니다. 한의학을 백세시대의 든든한 밑기둥으로 삼아도 되는 이유이지요. 이 책을 통해 한의학에 대한 여러 오해가 풀려 더 많은 분이 한의학을 신뢰하고 건강을 위해 활용하게 되기를 바랍니다.

순명한의원에서

윤소정

왜 《동의보감》일까

한의학 하면 꼭 《동의보감》을 거론합니다. 《방약합편(황필수가 의원이었던 아버지 황도연의 저서들을 토대로 1884년에 편찬한 의서)》을 비롯해서 우리나라에도 한의학 책이 꽤 많은데 말이지요. 왜 그럴까요.

《동의보감》은 1610년에 허준이 완성한 의학서입니다. 400년이 지난 책이죠. 《동의보감》에 대해 본격적으로 말하기 전에 당시 서양의학 수준은 어느 정도였는지 잠깐 살펴볼까요.

1686년 프랑스의 왕 루이 14세는 이발사인 프랑수아 펠릭스에게 치질 수술을 받습니다. 마취도 없이 의사가 아닌 이발사가 귀한 왕의 몸을 수술했죠. 이때만 해도 외과의사가 정착되지 못해 이발사가 외과의사 역할을 하면서 수술을 겸하는 일이 흔했습니다.

또한 서양의학을 획기적으로 발전시킨 항생제와 수액 치료만 해도 20세기에나 나타났으니,《동의보감》을 필두로 하는 한의학은 서양의학보다 결코 뒤처져 있지 않았습니다.

그렇다면, 이후 서양의학이 비약적으로 발전하는 동안 한의학은 정체돼 있었을까요? 지금도 한의학과에서는 기원전 의서인《황제내경》을 공부하니, 한의학은 2000년 넘게 제자리걸음 상태인 걸까요? 물론 그렇지 않습니다. 그동안 수많은 의서와 이론이 나온 걸로도 알 수 있는 사실입니다. 대표적인 치료 수단인 침과 약에 대한 학설만 해도 아주 많습니다. 이를테면 통증이 있는 부위의 근육과 신경을 침으로 자극하는 것이 제일이다, 기혈이 흐르는 통로인 경락을 먼저 살펴보고 침을 놓아야 한다, 오장육부와 연결시켜야지 의미가 있다 등 침법의 이론과 종류만 해도 수없이 많습니다. 에너지인 기를 보하는 것이 최고다, 아니다 혈과 진액이 먼저 채워져야 한다, 소화와 관계되는 비위부터 튼튼히 해야 한다, 아니다 심장 건강이 모든 장기보다 우선시되어야 한다, 몸에 쌓여 있는 노폐물인 담(기혈 순환이 제대로 되지 않아 진액이 특정 부위에 몰려 탁하게 된 것)을 없애는 것이 보익하는 것보다 우선이다 등 약을 쓸 때도 각 학파에 따라 주장하는 바가 다릅니다.

옛것만 옳다고 우길 수 없듯이, 옛것이라고 해서 덮어놓고 무시해서도 안 될 것입니다. 만약 한의학이 여전히 지난 시절의 의학이고 서양의학에 뒤처진다고 폄하된다면 한의학을 현대인의 사고방식과 지식으로도 자연스럽게 받아들일 수 있도록 한의학계 종사자들이 더 노력해야 한다고 생각합니다. 그런 점에서 이 책이 조금이라도 도움이 되길 바랍니다.

유네스코에 등재된 《동의보감》

이제 처음의 질문으로 돌아가 보겠습니다. 왜 여전히 한의학 하면 《동의보감》일까요? 거기에는 크게 두 가지 이유가 있습니다.

먼저 《동의보감》은 한의학 고유의 특성을 잘 갖춘 책이기 때문입니다. 한의학은 그 바탕을 동양철학, 음양오행에 두고 있어요. 인체를 소우주, 즉 우주의 축소판으로 봅니다. 인체뿐 아니라 인체를 둘러싸고 있는 자연을 함께 이해하려고 하죠. 계절과 날씨에 대해 우리 몸이 어떻게 반응하는지 살피고, 그것을 치료에 반영하는 것이 한 예입니다.

인체를 볼 때도 부분으로 나누어 보지 않고 전체를 보죠. 건강한 사람이 사고로 일시적으로 다친 경우라면 그 부분을 중점적으로 치료할 수 있습니다. 하지만 대부분의 환자는 여러 가지 증상을 함께 가지고 있어요. 예를 들어 어지럼증을 자주 느끼고, 다리에 쥐가 잘 나고, 잠을 푹 자지 못하며, 관절이 자주 아픈 경우라면 혈[기(氣)와 대조되는 개념. 기는 눈에 보이지 않는 에너지, 힘, 기운인 반면 혈은 피, 체액 등 물질의 의미가 있다] 부족이 원인일 수 있습니다. 물론 이러한 증상의 나

열만으로는 정확히 진단할 수 없어 환자의 상태를 직접 보고 맥도 짚어 보면서 여러 가지를 종합적으로 판단해야 하죠.

어지럼증의 원인이 뇌인지, 귀인지, 심장 질환인지 등을 먼저 알아보고 그 다음엔 불면증이 수면무호흡증, 하지불안증후군 같은 다른 증상과 관련은 없는지 하나하나 살펴보는 것도 필요한 과정입니다. 하지만 여러 검사를 해도 별다른 이유를 찾을 수 없고, 검사 결과 문제도 없다면 어떨까요? 일상생활에 영향을 줄 정도로 불편하고 고통스럽더라도 그저 스트레스 탓이려니, 몸이 좀 허약해졌나 보다 하고 참고 넘어갈 수밖에 없을까요?

한의학은 인체의 균형과 조화를 중시합니다. 그 균형과 조화를 깨는 것이 양기인지 음액(정, 혈, 진액 등 체액)인지, 노폐물인 담음이나 어혈인지 등 끊임없이 수정해 가면서 발전해 왔습니다. 하지만 '오장육부와 신체의 위아래, 좌우 등 각각의 부분이 균형과 조화를 이루어야 한다, 인체는 하나의 유기체다'는 기본 원리는 변한 적이 없습니다. 일례로 사상체질 이론을 들 수 있습니다. 사상체질을 처음 이야기한 사람은 19세기 조선 후기 한의학자 이제마입니다. 하지만 이 이론의 뼈대는 이미 17세기에 쓰인 《동의보감》에도 나옵니다. 사람마다 체질이 다르니 같은 병이라도 똑같은 약으로 치료해서는 안 된다, 개개인의 특성에 따라 다르게 접근해야 한다는 개념은 이어져 온 것이죠. 이렇게 《동의보감》은 한의학 고유의 특성을 잘 갖추고 있습니다.

두 번째 이유는 《동의보감》이 워낙 우수한 의서이기 때문입니다.

사실 《동의보감》은 여러 의서를 종합한 백과사전이라고 할 수 있습니다. 그래서 아주 방대하죠. 목차만 2권이고, 의학에 관해 본격적으로 다룬 것이 23권입니다. 구체적으로 보면, 신체를 안팎으로 나눈 〈내경편〉(4권)·〈외형편〉(4권), 실제 병에 대한 원인과 치료를 설명한 〈잡병편〉(11권), 약에 대해 다룬 〈탕액편〉(3권), 침과 뜸을 다룬 〈침구편〉(1권)으로 구성되어 있습니다. 다른 한의서에 비해 실용적이고 치료에 응용하기 좋게 돼 있습니다. 마치 사전을 보듯 목차만 봐도 쉽게 궁금한 부분을 찾아볼 수 있게 정리되어 있지요.

 서두에서 말했듯이 이전에도 우리나라에 한의학 책이 없었던 것은 아닙니다. 다만 중국 의서가 상대적으로 많았고, 약재도 우리나라에서 나는 것이 아닌 중국 약재에 대한 설명이 대부분이었죠. 우리나라 약재라도 그 이름을 한자어로 표기해 놓아 실생활에서 응용하기 어려웠습니다. 《동의보감》은 이러한 문제들을 개선하기 위해 우리나라에서 나는 구하기 쉬운 약재들을 정리해 놓았습니다. 이처럼 《동의보감》은 중국 의학과는 차별화된, 우리나라 사람의 체질과 병에 대해 좀 더 연구하는, 우리만의 의학이 한층 더 발전할 계기를 마련해 주었습니다. 허준이 책 이름을 《동의보감》으로 지은 것도 중국 의학과 구별하기 위해서였지요. '동의(東醫)'는 중국 남쪽과 북쪽의 의학 전통에 비견되는 동쪽의 의학 즉, 조선의 의학 전통을 뜻합니다. 보감은 "보배스러운 거울"이란 뜻으로 본보기가 될 만한 귀중한 것이란 의미를 담고 있습니다. 단순히 '우리 것만 최고고 대단하다'고 말하려던 것이 아닙니다. 그만큼 당시 조선의 의학 수준이 높고 자부심을 가질 만하다고 알리려던 것이죠.

또한 《동의보감》은 병에 걸린 후 치료하는 것을 넘어, 병을 예방해 건강하게 오래 살 수 있는 방법까지 담고 있는데요. 이는 서양보다 먼저 예방의학에 눈떴음을 의미합니다. 모든 병을 백신 예방 접종으로 막을 수는 없습니다. 과학이 눈부시게 발전하고 검사 기술도 발달했지만, 눈에 보이기 이전 단계의 병까지 모두 다 찾아내지는 못합니다. 《동의보감》에서는 단순히 수명만 연장시키는 것이 아니라 건강하게 오래 살 수 있도록 몸과 마음을 다스리고 자연의 변화에 맞게 살아가는 법을 제시하고 있어요. 최근 트렌드인 웰빙(well-being)과도 맞닿아 있죠.

이렇게《동의보감》은 한의학 본연의 특성과《동의보감》만의 장점을 갖추고 있어 여전히 주목받는 것입니다. 물론 지금의 과학과 의학 지식으로 보면 맞지 않는 내용도 분명 있습니다. 하지만 나무만 보지 말고 숲을 보아야 하지 않을까요. 그래야 더 깊고 큰 의미를 알 수 있을 테니까요.《동의보감》은 우리나라에서뿐 아니라 전 세계적으로 그 가치를 인정받아 의학 서적 중에서는 최초로 유네스코 세계기록유산에 등재되었습니다.

　이제《동의보감》을 바탕으로 한의학과 건강에 대해 본격적으로 알아보겠습니다.

1장

원리를 알면 오해가 풀린다

한의원 하면 뭐가 가장 먼저 떠오르시나요? 한약 냄새 그리고 조금 겁나는 침 치료? 동네의 작은 한의원부터 큰 한방병원까지 가장 기본이 되는 치료는 침과 뜸, 부항, 한약입니다.

　그런데 요즘에는 한의원에서도 맥진기, 경락 검사기를 비롯해서 진단과 치료에 필요한 여러 가지 장비를 쓰고 있습니다. 족욕이나 좌훈 등 이전에 없던 치료법도 많이 생겼고요. 이렇게 한방 치료의 범위는 생각보다 훨씬 넓습니다.

　한의학은 오랜 역사를 거치며 검증된 의학임에도 여전히 숱한 오해를 받고 있습니다. 그런 오해는 일제가 서양의학 중심으로 의학을 재편하고 의도적으로 한의학을 밀어내면서 비롯된 부분이 많은데요.

　이 장에서는 환자분들에게서 자주 받은 질문을 선별해 한의학에 대한 오해를 먼저 풀어 보려고 합니다. 한의학에 대한 불신이 뿌리내리게 된 역사적 배경도 짚어 보고요. 더불어 한의학 치료법이 어떤 원리를 기반으로 하는지, 어떻게 우리 몸에 영향을 끼쳐 효과를 내는 것인지도 살펴보겠습니다.

침:
막힌 곳을 뚫어 길을 낸다

예전에 비하면 요즘의 한의원 치료법은 종류도 많고 다양해졌습니다. 건강보험이 적용되는 치료가 많아 치료비도 저렴해졌고요. 추나 치료도 그중 하나지요.

이런 치료법들 중에서 가장 대표적인 것이 바로 침입니다. 최근에는 침을 두려워하는 분들을 위해 자석 침, 레이저 침 등 침도 다양해졌습니다. 침 치료를 기본으로 여겨선지 환자분들 중에서도 침에 관해 묻는 분이 많습니다.

그중 가장 자주 듣는 질문이 침이 어떤 원리로 치료를 하게 되느냐는 건데요, 다양한 이론이 있습니다. 침으로 인한 자극이 신경조절 효과를 일으켜 뇌에 영향을 끼친다, 침이 의도적으로 염증 반응을 일으켜 조직의 치유 반응을 돕는다 등이 대표적이죠.

경맥은 고속도로, 낙맥은 지방도로

한의학에서는 '어느 한쪽이 무너져 전체적인 균형과 조화가 깨진 상태'를 질병으로 봅니다. 그럼 질병을 치료하려면 기의 불균형을 바로잡으면 되겠지요? 그 방법 중 가장 대표적인 것이 침입니다. 침은 기혈이 잘 순환하지 못하고 한곳에 정체되어 있을 경우 이를 소통시켜 줌으로써 인체가 스스로 균형과 조화를 찾아가게끔 도와주는 역할을 합니다.

경락은 기혈이 흐르는 통로입니다. 기혈은 말 그대로 우리 몸을 구성하는 기본 요소인 기(氣)와 혈(血)을 말합니다. 장부에 에너지를 공급해 주는 에너지원이죠. 경락은 몸 안의 오장육부와 몸의 표면을 이어 주는, 온몸의 각 부분을 이어 주는 길입니다. 경락은 경맥(經脈)과 낙맥(絡脈)이 합쳐진 말인데요, 이 중 경맥은 주로 세로로 운행하는 줄기로, 기혈이 순환하는 기본 통로입니다. 지구의 경도를 떠올리면 이해하기 쉬울 것 같습니다. 낙맥은 경맥에서 갈라져 나와 몸의 각 부위를 그물처럼 얽어 온몸으로 기혈을 공급합니다. 흔히 경맥을 고속도로, 낙맥을 지방도로에 비유하지요.

그런데 이 경락이 막혀 있으면 당연히 기혈의 흐름과 순환에 문제가 생기겠죠? 이를 강조하는 말로 "통즉불통, 불통즉통(通卽不痛, 不通卽痛)"이 있습니다. "통하면 아프지 않고, 막혀서 통하지 않으면 통증이 생긴다"는 뜻입니다.《동의보감》〈잡병편〉에 나오는 문구로 한의학에서 기본으로 삼는 치료 원리 중 하나입니다.

기혈이 원활하게 흐르면 병이 들거나 아프지 않습니다. 만약 막힌 곳을 오랫동안 방치하면 결국 터질 수밖에 없겠죠. 관상동맥질환이나 뇌경색으로 인한 뇌출혈을 한번 떠올려 보세요. 기혈이 막히면 마비가 올 수 있는데, 이를 '불인(不仁)하다'고 합니다. 불인을 글자 그대로 해석하면 '어질지 못하다'는 뜻이죠. 기혈이 통하지 못해 부드럽게 어우러지지 못하는 것을 말합니다. 한의학에서 불인이란 몸의 한 부분의 운동 기능에 장애가 생기거나 피부 감각이 둔해진 증상을 이야기합니다. 침은 이렇게 막힌 혈자리를 뚫어 기혈이 흐르게 하는 역할을 합니다.

인체의 기가 출입하는 문, 경혈

경혈은 인체의 14경맥(6장 6부에 해당하는 12경맥과 임맥, 동맥)에 속해 있는 혈자리로, 모두 361개입니다. 경혈에서 혈(穴)은 '구멍, 동굴, 움막'이라는 뜻으로 '무언가가 모이는 공간이나 틈'을 말합니다. 사람의 몸에서는 '정기가 모인 자리'를 뜻하죠. 그러므로 경혈은 '경락의 기(氣)가 나타나는 곳'이라 할 수 있습니다. 쉽게 말하면, 인체의 기가 출입하고 활동하는 문입니다. 경혈은 침을 놓는 치료 부위이자 동시에 질병이 있음을 알려 주는 곳입니다. 그래서 특정 경혈을 눌렀을 때 통증이 느껴지거나 그 부위 피부가 변하는 것을 통해 그 경혈과 관련된 경락과 장부의 문제점을 예측할 수 있는 것이죠.

물론 혈자리 중에는 특정 경락과 관계없는 아시혈(阿是穴)도 있습니다. 아시혈은 통증이 느껴지는 부위를 눌렀을 때 유독 민감하게 느껴지는 지점을 말하는데요, 여기서 '아(阿)'는 압통점을 눌렀을 때 "아, 아야" 하고 나는 소리에서 기원한 말입니다. 즉 아시혈은 눌렀을 때 아픈 부위가 곧 혈자리라는 뜻입니다. 허리가 아플 때 한의사가 허리 부위를 눌러 보고 진단해서 유독 아픈 부위에 침을 놓는다면, 이것은 아시혈을 이용하는 것이죠.

물론 통증을 치료할 때, 침을 늘 아시혈에 놓는 건 아닙니다. 아픈 부위와 관계된 신경을 자극하거나 관련된 경락을 이용할 수도 있으니까요. 가령 아픈 부위와 관련된 경락이 발을 지난다면, 허리가 아파도 발에 침을 놓을 수 있겠죠.

자주 맞아도 괜찮다

이렇게 침이 막힌 혈을 뚫어 준다니, 이곳저곳에 침을 많이 맞을수록 효과가 좋을까요? 온몸에 침을 맞으면 건강해질까요? 이 질문은 다음의 질문들과 관련이 있는데요. 간혹 환자분들이 "침 맞으면 기운 빠지지 않나요?", "침을 매일 맞아도 되나요?" 하고 물어 옵니다.

결론부터 이야기하면, 침을 맞았다고 해서 기운이 빠지는 경우는 극히 드물고 대부분의 사람은 매일 침을 맞아도 괜찮습니다. 오히려 질병이 빨리 회복되는 데 도움이 되죠. 하지만 한 번에 너무 많이 맞는 것은 좋지 않습니다.

보통 맞는 침의 개수가 많아질수록, 침이 굵을수록, 침을 몸에 깊이 찌를수록 몸에 부담을 주고 기운이 빠지는 느낌이 들 가능성이 커집니다. 예전에는 침이 굵었기 때문에 침을 맞을 때 느끼는 자극도 컸습니다. 지금처럼 침 제조 기술이 발달하고 대량 생산을 하기 전이라서 침을 세척하거나 소독해서 재사용하기도 했고요. 하지만 요즘은 침이 굉장히 가늘 뿐 아니라 감마선으로 소독해서 멸균한 일회용 침을 사용합니다. 재질도 녹이 잘 슬지 않는 스테인리스강이고요. 침의 길이와 침을 놓는 부위에 따라 다르지만, 대부분 침의 굵기는 0.20~0.25밀리미터에 불과합니다. 그 덕분에 침 맞을 때 많이 아프지 않고 몸에 부담도 주지 않아요. 그래서 침을 맞는다고 해서 몸이 힘들거나 기운이 없는 것처럼 느껴질 가능성이 예전에 비해서는 현저히 낮아졌지요.

그렇다고 해서 고슴도치처럼 온몸에 무수히 많은 침을 맞는다면 당연히 몸에 부담을 주겠죠? 게다가 환자의 상태에 맞지 않는 혈자리에 침을 맞는다면 이상한 곳에 기운을 빼앗기게 됩니다. 마치 시냇물이 흐르는 곳에 돌이 있어서 방해가 될 경우 그 돌만 치우면 될 일을 멀쩡한 옆의 땅을 파고 있는 격이지요.

드물기는 하지만, 나이가 많거나 심각한 질병에 걸렸거나 너무 말라서 기력이 없으신 분들은 침이 부담스러울 수 있어요. 그럴 때는 체력을 고려해 침의 개수를 최소한으로 해서 부드럽게 치료해야 합니다.

나이가 들수록 어깨·허리·무릎 어디 한 군데 안 아픈 곳이 없지요. 그런 분들 중에 '이왕 한의원 온 김에 한 번에 다 맞고 가자' 하는 경우도 있을 겁니다. 하지만 체력이 받쳐 주지 않는 상태에서 한 번에 너무 많은 곳에 침을 맞으면 오히려 효과가 떨어집니다. 아무리 운동이 건강에 좋아도 하루에 몰아서 하면 몸살이 나는 것처럼 말이에요. 내 체력이 어느 정도인지 파악하고 그에 맞게 꾸준히 운동하는 것이 건강해지는 방법이듯, 침도 내 몸 상태에 적합하게 맞는 것이 가장 좋습니다.

보통 한의원에서 침 맞는 시간은 15분입니다. 15분은 기가 우리 몸 전체를 한 바퀴 도는 데 걸리는 시간이지요. 대부분은 15분을 기준으로 하되, 환자의 증상과 체력에 따라 시간을 조절합니다. 기운이 없는 환자라고 해서 무조건 침 맞는 시간을 줄이는 것은 아니에요. 자극이 덜한 혈자리에 얕게 침을 놓는 경우는 좀 더 긴 시간 침을 놓습니다. 기혈 순환이 원활하지 않아 빨리 효과가 나타나지 않는 환자에게는 이렇게 침 치료 시간을 늘리는 것이 도움이 됩니다. 반면 자극이 강하고 근육 깊이 놓는 침법을 사용할 때는 시간을 짧게 해야 몸에 덜 부담을 주겠지요.

침을 놓을 때는 보사법(補瀉法)을 쓰기도 합니다. 보사법은 기를 조절하는 방법으로 넘치는 기는 줄여 주고(사법), 모자라는 기는 채워 주는 것(보법)을 말합니다. 간 경락을 예로 들면, 간과 관계된 족궐음간경(足厥陰肝經, 엄지발가락에서 시작해 다리를 지나 뱃속으로 들어간다)은 '궐음'이라는 이름에서 알 수 있다시피 음(陰)의 경락이라서 아래에서 시작해 위로 흐릅니다. 위아래를 음양으로 구분할 때 위는 양, 아래는 음이거든요. 하늘을 양, 땅을 음이라고 하는 것과 마찬가지입니다. 족궐음간경의 경우 침을 놓을 때 경락이 흐르는 방향을 따라 아래에서 위쪽 방향으로 비스듬히 놓는 것이 기를 보해 주는 보법이 됩니다. 반대 방향, 즉 위에서 아래로 침을 놓는 것은 사법으로 오히려 기의 흐름을 방해하는 것이죠.

이렇게 침은 개개인의 질환과 체력에 따라 다양한 방법으로 맞을 수 있으니, 침을 자주 맞는 것에 대해선 크게 걱정하지 않으셔도 됩니다.

가끔, 침 맞은 후 바로 샤워를 해도 되는지 물어보는 분들이 있는데요. 앞서 말씀드린 것처럼 침이 워낙 가늘고 피부에 별다른 손상을 주지 않기 때문에 감염의 우려가 거의 없습니다. 침 치료를 받았다면 한두 시간 뒤에 샤워하면 됩니다. 그래도 여러 사람이 함께 사용하는 목욕탕이나 사우나에는 좀 더 시간이 흐른 뒤에 가는 게 좋겠죠. 이왕이면 하루 지나서 가시라고 말씀드리고 싶습니다.

다양한 질환 치료에 쓰이는 침

마지막으로 침으로 치료할 수 있는 범위에 대해 이야기하겠습니다. 여러분은 주로 언제 한의원에 가시나요? 보통 발목이 삐었거나 어깨 근육통이 생겼거나 허리가 쑤실 때 가는 경우가 많죠. 이런 현상 때문에 보통 침의 효과를 근골격계 질환에 한정해서 생각하는 분도 많습니다. 하지만 침이 막힌 곳을 뚫어 인체의 균형과 조화를 잡도록 돕는다는 점에서, 침으로 치료할 수 있는 질환의 범위는 굉장히 넓습니다. 소화가 안 될 때뿐 아니라 머리가 아프거나 어지럼증이 있을 때, 불면증으로 고생할 때도 침 치료가 효과적입니다. 요즘은 비만과 성장에 관한 질환부터 피부과·산부인과·정신과 질환 치료에도 침이 이용됩니다. 침의 활용 범위는 거의 모든 질환에 적용된다고 할 만큼 아주 넓습니다. 예를 들어, 치통이 있을 때 합곡에 침을 맞으면 효과가 있습니다. 이가 썩었을 때는 우선적으로 치과에서

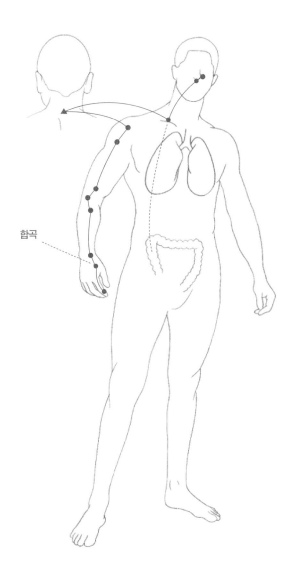

합곡

치료를 받습니다. 그런데 치료가 끝난 후에도 여전히 치통이 남아 있을 때가 많아요. 특히 잇몸 질환이 있는 경우 그렇습니다. 합곡은 엄지와 검지 손허리뼈 사이의 오목한 곳으로, 보통 소화가 안 될 때 이곳을 지압하지요. 많이 알려진 혈자리입니다.

합곡은 대장 경락에 속하는데요, 대장 경락이 지나는 길을 보면, 옆목과 뺨을 지나 아랫니 속으로 들어갔다가 입술을 돌아 인중으로 나옵니다. 이렇게 경락이 지나는 길을 보면 어떤 혈자리가 어디에 좋은지 알 수 있습니다. 경맥을 알아 두면 요긴한 이유입니다.

숨 고르기
12경맥

우리 몸에는 12개의 경맥이 있습니다. 5장(간, 심장, 비장, 폐, 신장)과 6부[위, 소장, 대장, 담(쓸개), 방광, 삼초]에 하나의 장(심포)을 더한 것입니다. 즉, 6장 6부에 대한 경맥으로 간 경맥, 심장 경맥, 비장 경맥 등으로 부릅니다.

여기서 심포는 심장의 겉면을 둘러싸고 있는 것으로, 심장을 보호하고 심장의 기능을 돕는 장기입니다. 심포 경맥에 병이 생기면 얼굴이 붉어지고 손바닥이 화끈거리며, 가슴이 두근거리고 옆구리가 때때로 아픕니다. 정신 장애 증상이 나타날 수도 있고요.

여기서는 6장 중 특히 중요한 심장 경맥과 폐 경맥을 소개하겠습니다.

심장 경맥에 병이 생기면 눈이 충혈되고 목이 말라 물이 자꾸 당깁니다. 가슴에서 통증이 느껴지고, 경맥을 따라 팔꿈치에서 다섯 번째 손가락까지 찬 느낌이 들기도 해요. 특히 여름에 많이 피곤하고, 알 수 없는 불안·초조감에 시달리며, 작은 일에도 깜짝깜짝 놀라고 건망증도 심해집니다. 꿈도 많이 꾸고요.

심장 경맥에서는 소부와 신문 두 혈자리가 자주 이용됩니다. 소부와 신문 위치는 네 번째, 다섯 번째 손가락 사이에서 그어 내린 선에서 쉽게 찾을 수 있습니다. 소부는 주먹을 가볍게 쥘 때 네 번째와 다섯 번째 손가락 끝이 닿는 사이의 지점으로, 손금 중 가로

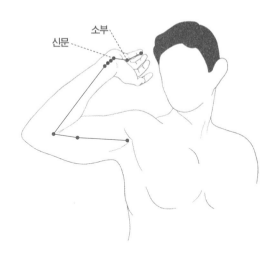

심장 경맥

로 진한 선 근처에 위치합니다. 소부는 심장 경맥 중 불의 기운을 다스리는 혈자리입니다. 화(스트레스)가 많고 가슴이 답답하거나 두근거릴 때, 손바닥에서 열감이 느껴질 때 눌러 주면 좋습니다.

신문은 손목 주름에 위치한 혈자리로 두통·불면증·신경쇠약증·건망증 그리고 협심증을 비롯한 심장 관련 질환에 두루 쓰입니다.

폐 경맥

폐 경맥에 병이 생기면 기침, 천식 등 호흡기 관련 질환이 생깁니다. 쉽게 피곤해지고 피부가 거칠어지며 숨을 짧게 쉬고 얼굴이 창백해집니다. 어깨와 등이 차거나 아프기도 합니다. 폐 경맥에서는 척택과 어제 혈자리를 알아 두면 요긴합니다. 척택은 팔꿈치 안쪽 가로로 있는 주름 부위에 있는데, 기침이 심하거나 목구멍이 붓거나 아플 때 눌러 주면 좋습니다. 물의 기운을 담당하는 혈자리라서 폐를 촉촉하게 적셔 주고 열을 내리는 역할을 합니다.

어제는 엄지손가락 아래 볼록한 곳에 위치한 혈자리입니다. 마치 물고기 배를 연상시키지요. 감기에 걸리거나 두드러기가 났을 때, 피가 섞인 가래가 나오거나 편도선염, 급성인후염 등을 치료할 때 쓰입니다.

이번엔 6부 경맥에 대해 설명하겠습니다.

6부[위, 소장, 대장, 담(쓸개), 방광, 삼초] 중 조금 생소한 것이 있을 겁니다. 바로 삼초인데요. 삼초는 목구멍에서부터 전음(외생식기와 요

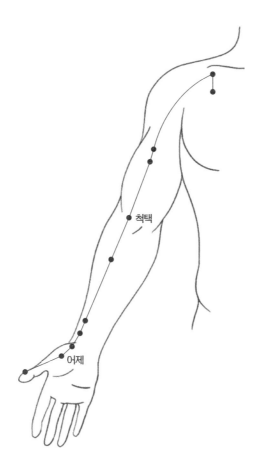

도), 후음(항문)까지의 부위를 말합니다. 삼초는 기혈이 잘 순환되게 도와주고 영양분을 온몸에 운반합니다. 수분 대사에도 관여해 소변이나 대변이 잘 나오게 돕습니다.

여기서도 6부 경맥 중 중요한 두 가지만 소개하겠습니다.

위 경맥

위 경맥에 병이 생기면 열이 높아져 땀을 흘리며 헛소리를 하거나 심할 경우 의식 장애까지 올 수 있습니다. 눈 통증이 생기거나 코피가 나며 입술에 포진이 생길 수도 있어요. 유방 통증이 생기거나 무릎, 다리 앞쪽이 아프거나 붓기도 합니다. 이러한 증상은 경맥이 지나가는 부위와 관련이 있는데, 소화기관인 위가 안 좋으면 나타날 수 있는 병이기도 합니다. 그만큼 소화가 우리 몸에 미치는 영향이 크기 때문이죠.

손발을 자주 만지고 마사지해 주면 건강에 좋다는 건 많이 알고 계실 겁니다. 이를테면 함곡을 자주 눌러 주면 좋습니다. 그 외에도 뼈와 뼈 사이 움푹 팬 공간은 대부분 혈자리이니, 이런 곳들을 자주 눌러 주는 것이 좋습니다. 손등도 마찬가지고요. 특히 함곡은 결막염, 안검하수(눈꺼풀 처짐) 증상이 있을 때, 얼굴이 부었거나 소화가 잘 안 될 때 혹은 발이 시릴 때 눌러 주면 좋습니다.

나에게 좋은 혈자리를 알아보고 그곳을 집중적으로 자극해 주는 것이 좋은데, 뭔가 복잡하고 어렵다 싶을 때는 이렇게 발등이나 손

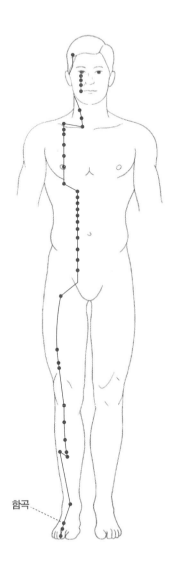

함곡

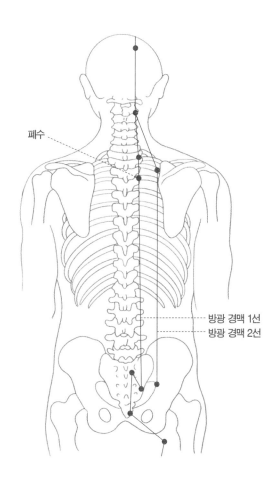

폐수

방광 경맥 1선

방광 경맥 2선

등에서 움푹 들어가는 공간만 눌러도 한결 몸이 좋아집니다. 기혈 순환이 잘돼 일단 시원하고요.

방광 경맥

방광 경맥은 몸 뒤쪽에 있고 머리끝부터 발끝까지 이어져 있습니다. 방광 경맥은 등에서 두 개의 선으로 나뉘는데요, 척추에 가까운 선이 1선, 그보다 바깥쪽에 있는 것이 2선입니다. 방광 1선은 척추로부터 2촌(1촌은 약 3센티미터. 그러므로 2촌은 약 6센티미터) 옆, 방광 2선은 척추로부터 3.5촌(약 10.5센티미터) 옆에 위치합니다.

척추(뼈) 안에는 척수(신경세포 집합체)가 있고 척수에서 나온 신경들은 온몸으로 뻗어 나갑니다. 척추 양옆을 만져 주면, 팔다리·손발뿐 아니라 몸 깊숙이 자리 잡은 장기에까지 영향을 미치는 신경들을 활성화시켜 온몸에 기혈이 잘 순환되지요. 방광 경맥에 속한 혈자리들을 자극하는 것도 그 일환이 되므로 내장기관뿐 아니라 전신 건강에 좋습니다. 폐수를 비롯해 방광 경맥에 속한 혈자리 이름이 장부 이름과 관련된 것도 이 때문입니다.

뜸:
핫팩과 다르다

한의학에는 일침이구삼약(一鍼二灸三藥)이라는 말이 있습니다. 한의원의 주요 치료법인 침과 뜸 그리고 한약을 뜻합니다. 사실 이 중 어떤 것이 더 효과적이라고 단정할 수는 없습니다. 사람과 증상에 따라 적절히 이용해야 하죠.

앞서 침의 보사법에 대해 언급했는데요, 침보다 뜸이 좀 더 보법의 효과가 뛰어납니다. 따뜻한 기운으로 인체에 양기(陽氣)를 보태 주는 것이죠.

한의원이나 정형외과 등 병원에서 핫팩이나 적외선 치료기 등 다양한 온열 치료기를 이용하는 것을 보셨을 거예요. 보통 그것들은 허리나 다리 통증 등 근골격계 질환이 있을 때 쓰이죠. 통증 부위의 혈액이 잘 순환돼 회복될 수 있도록 돕는 용도로 말입니다.

발목을 삐었거나 급성 통증이 있을 때는 냉찜질을 하지만, 대부분의 만성적인 관절염이나 근육통에는 온찜질을 합니다. 사람에 따라 다르긴 하지만, 다친 후 보통 1~3일 안에는 다친 곳이 빨갛게 부어오르고 욱신거립니다. 이때에는 상처 부위를 차갑게 해 주는 것이 좋습니다. 통증을 줄이고 후끈거리는 열감을 낮추는 것이 우선이니까요. 이런 증상이 가라앉은 후부터는 통증 부위를 따뜻하게 해 줍니다. 그래야 영양이 원활하게 공급돼 회복이 빨라집니다.

침처럼 혈자리 이용하는 뜸

뜸은 이런 핫팩, 적외선 치료 같은 온열 치료법과는 어떤 점이 다를까요? 침과 마찬가지로 혈자리에 시술한다는 점이 다릅니다. 그 때문에 무릎, 허리 등 아픈 부위에 국한되지 않고 몸의 다양한 곳에서 뜸 치료를 할 수 있습니다. 인체 앞부분의 정중선을 따라 흐르는 경락인 임맥과 몸 뒤쪽의 배수혈이 대표적인 뜸자리이지요.

임맥에서 자주 쓰이는 혈자리로는 관원이 있습니다. 보통 단전이라고 부르는 곳입니다. 배꼽 밑으로 3촌(약 9센티미터)에 위치합니다.

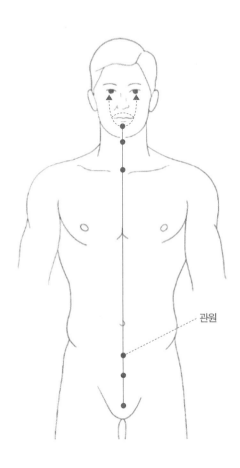

관원

한의학에서 관원은 정(精)과 혈(血)이 저장되어 있는 중요한 혈자리입니다. 이곳에 뜸을 뜨면 인체에 정기가 보충되고 기혈이 잘 순환돼 면역력이 높아집니다. 유독 아랫배가 차거나 다리가 차고 저린 사람, 전신이 쇠약해 기력이 없는 사람, 이명이 있고 두통이나 어지럼증을 느끼는 사람이 이용하면 좋은 혈자리입니다. 관원이 있는 아랫배의 대장과 소장, 생식기와 관련된 각종 질병 치료에도 효과가 좋습니다. 생리 불순, 대하증, 불임증, 요실금 등의 여성 질환과 정력 감퇴, 고환염, 전립선 질환, 방광염 등 남성 질환 치료에도 이용됩니다.

앞서 말했듯이 등을 지나는 방광 경맥(41쪽 그림 참고)은 두 개인데요, 배수혈은 1선에 있습니다. 배수혈은 오장육부의 기운과 관계가 깊은 혈자리인데요, 폐의 배수혈은 폐수, 심장의 배수혈은 심수라고 합니다. 그 외에 간, 담, 비, 위, 신장, 소장, 대장, 방광 등의 배수혈이 있고, 이 혈자리들은 장부의 병뿐 아니라 그 장부와 관련 있는 다른 기관의 병 치료에도 이용됩니다. 예를 들어 폐수는 기침, 천식 등 폐와 직접 관련된 질환 외에도 비염이나 코피, 피부 두드러기, 식은땀 등의 치료에도 활용됩니다. 한의학에서 폐는 코, 피부와 관련이 깊은 장부이기 때문이지요.

쑥을 많이 쓰는 이유

뜸의 재료로는 쑥이 많이 이용됩니다. 여러 이유가 있는데요, 그중 가장 큰 이유는 쑥이 가진 양기 때문입니다. 쑥은 음기가 가득한 겨울의 추위가 채 가시기도 전에 싹을 틔우는 강인한 생명력을 뽐냅니다. 쑥이 품고 있는 따뜻한 양의 기운이 몸에 해를 주는 차가운 기운을 쫓아내는 거죠. 찬 기운이 몸에 오래 머물면 기혈이 제대로 돌지 못해 통증을 일으킬 수 있습니다. 또한 쑥은 각종 휘발성 정유와 비타민, 효소 등을 함유하고 있으며, 피부뿐 아니라 그 아래 깊은 곳까지 열을 전달시키는 장점도 갖고 있습니다.

최근에는 쑥뜸이 왜 효과적인지에 대한 연구도 활발히 진행되고 있습니다. 쑥뜸을 뜨면 열분해물질이 혈액에 흡수되어 치료 작용을 일으킵니다. 이 물질은 항히스타민제(히스타민의 작용을 억제하는 약물. 두드러기, 천식, 알레르기 질환 치료 등에 쓰인다)와 비슷하며 히스토톡신(histotoxin)이라고 합니다. 신경통, 천식을 치료할 뿐 아니라 위장 운동을 촉진시키는 데도 큰 효과가 있다고 보고된 바 있습니다.

쑥뜸을 뜬 후 생기는 구진(灸津)은 면역세포에 영향을 끼쳐 질병이 더는 진행되지 않도록 막아 줍니다. 구진이란 쑥뜸을 뜰 때 생기는 연소 생성물로, 누런색을 띠는 쑥의 진(김이나 연기 또는 눅눅한 기운이 서려서 생기는 끈끈한 물질)인데 만져 보면 약간 끈적거립니다.

간접구와 직접구

　뜸 뜨는 방법은 크게 간접구와 직접구로 나뉩니다. 피부 혈자리에 직접 뜨는 뜸을 직접구, 피부에 다른 무언가를 놓고 그 위에서 뜨는 뜸을 간접구라고 합니다. 간접구를 쓸 때 사용하는 재료로는 생강, 마늘, 소금, 황토 등이 있습니다. 직접구의 경우 시술하는 목적, 부위에 따라 뜸의 크기를 조절할 수 있습니다. 뜸을 위해 쑥을 뭉칠 때 같은 크기라도 성글게 하면 빨리 타서 덜 뜨겁고, 단단하게 뭉치면 상대적으로 양이 더 많아서 타는 데 시간이 더 걸리고 그만큼 더 뜨겁습니다.

　이은성 작가의 《소설 동의보감》을 보면, 허준이 김병조 몸에 뜸을

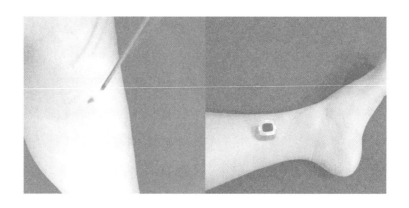

직접구(왼쪽)와 간접구의 한 예인 전자뜸(오른쪽)

뜨는 장면이 나옵니다. 김병조는 광해군의 친모이자 선조가 총애하던 공빈 김씨의 동생으로, 반위(반위가 곧 위암이라고 할 수는 없지만 위암의 다양한 병증 중 하나로 볼 수 있다)로 인해 입이 돌아간 병(구안와사)을 앓고 있었는데요. 뜸을 뜰 때 김병조가 살이 타들어 가는 고통을 못 이겨 허준에게 화를 내고 욕을 합니다. 그때 허준이 이렇게 말하죠.

> 뜸을 세는 단위가 뭔 줄 아십니까? 바로 '씩씩할 장(壯)'입니다.

뜸(직접구)을 뜨는 고통이 심하지만, 병을 이겨 내려면 참아 낼 용기가 필요하다는 뜻이겠죠.

예전에는 대부분 직접구로 했지만, 요즘은 간접구를 선호하는 사람이 많습니다. 직접구로 하면 상처가 남을 수 있기 때문입니다.

침이든 뜸이든 병원에서

침은 놓기 어렵지만 뜸은 집에서도 할 수 있어 스스로 뜸을 뜨는 분들을 종종 봅니다. 뜨거울수록 효과가 있겠지 하고 꾹 참고 하다가 화상을 입거나 흉터까지 남는 경우도 있지요. 뜸을 잘못 뜨면 피부 알레르기, 이차 감염 등의 부작용이 생길 수 있고, 뜸 뜰 때 나오는 연기 속에는 유해물질도 있어 환기와 배기 시설을 갖춘 전문 의료기관에서 하는 것이 좋습니다. 더욱이 뜸 치료는 건강보험이 적용되어 저렴한 비용으로 받을 수 있습니다.

전자뜸기는 온도와 시간을 조절할 수 있어 상대적으로 화상과 흉터의 위험이 적습니다. 이러한 안전성 때문에 아이들도 무서워하지 않고 뜸 치료를 받을 수 있는데요, 비염이나 축농증이 있는 아이라면 코 양옆(영향 혈)에 뜸을 떠 주면 좋습니다. 전자뜸기는 온도가 올라가면 빨간 불빛이 깜빡이다 고정되는데요, 그러면 설정 온도에 도달한 겁니다. 온도가 내려갈 때는 초록색으로 불빛이 바뀝니다.

부항:
다이어트에도 좋다

영화배우 기네스 팰트로에 관한 기사 중 인상적인 것이 있었는데요. 기사 자체보다는 그 기사에 실린 팰트로의 사진이 더 기억에 남습니다. 당시 그녀는 드레스를 입고 있었는데 등에 부항 뜬 자국이 있었습니다. 물론 부항 자국 때문에 화제가 된 사람은 팰트로뿐이 아닙니다. 팝가수 저스틴 비버, 축구선수 데이비드 베컴의 아내이자 가수인 빅토리아 베컴 등도 있지요. 금메달리스트 수영선수 마이클 펠프스의 경우 부항 치료 받는 모습이 공개되기도 했고요.

친근한 치료법 '부항'

부항은 체내의 여러 요소를 피부로 배출시키는 치료법입니다. 한의원에서 부항 치료를 하니 한의학 고유의 치료법인 줄 아는 분이 많은데, 서양에서도 히포크라테스 이전에 비슷한 치료 행위를 했다는 기록이 남아 있습니다.

부항(附缸)은 글자 그대로 풀이하면, '항아리를 붙인다'는 뜻입니다. 부항단지를 피부에 흡착시켜 부항단지 내부의 공기를 제거함으로써 생기는 음압을 이용하는 원리인데요. 부항 치료를 할 때 부항단지 안으로 볼록하게 살이 딸려 올라오는 것을 보면 음압이 뭔지 쉽게 이해할 수 있을 겁니다.

부항단지 소재로는 플라스틱, 유리, 도자기 등이 있고, 부항단지 내부의 공기는 펌핑기 혹은 불을 이용해 제거합니다. 보통 한의원에서는 위생과 감염 방지를 위해 일회용 플라스틱 부항단지를 사용하는데, 불부항을 함께 활용하는 곳도 있습니다. 불부항은 유리나 도자기로 된 부항단지에 열을 가해 부항 내부의 공기를 제거하는 것인데, 찜질방이나 목욕탕에서 불부항 뜨는 분들을 곧잘 보게 됩니다. 실리콘이나 플라스틱 가정용 부항기를 구입해 집에서 직접 부항을 뜨는 분들도 있고요.

2008년 한국보건산업진흥원에서 실시한 '한방 진료 실태에 대한 국민 수요 조사'에 따르면 최근 3년 동안 한방 치료 경험이 있다는 응답이 59.9퍼센트였는데, 그중 침(82.7퍼센트)과 탕약(56퍼센트)에는 못 미치지만 '부항 치료'가 38.3퍼센트로 나왔습니다. 뜸은 38.8퍼센트를 차지했고요. 대표적인 한방 치료인 침이나 탕약보다는 낮지만 부항 치료도 꽤 자주 받는다는 사실을 알 수 있지요.

습식부항과 건식부항

부항 뜨는 방법은 크게 두 가지입니다. 사혈을 하느냐, 즉 피를 뽑느냐 아니냐에 따라 나뉩니다. 사혈을 하는 것을 습식부항, 하지 않는 것을 건식부항이라고 합니다. TV 드라마를 보다 보면 할머니가 급체한 손자의 손가락 끝을 바늘로 따 주는 장면이 종종 나옵니다. 가령 고구마를 급하게 먹다가 체해서 가슴이 답답하고 얼굴이 창백해질 때 그러는데요. 이런 것이 흔히 볼 수 있는 사혈의 한 예입니다. 즉 사혈 침(삼릉침, 란셋 등)으로 피가 나게 한 뒤 부항단지를 붙여 피를 뽑는 것이 습식부항입니다.

습식부항에 대해 어떤 분들은 아까운 피를 빼는 것이 과연 무슨 효과가 있느냐고 반문하고, 또 어떤 분들은 피를 뺀다니 왠지 무섭고 두렵다며 부항 치료 자체를 거부하기도 합니다. 반면 "온몸이 쑤셔요. 부항 좀 많이 떠 주세요", "어깨가 뭉치고, 머리가 띵해요. 피뽑고 나면 시원하던데…"라며 적극적으로 부항 치료를 요구하는 분들도 있습니다. 이처럼 습식부항에 대한 사람들 반응은 다양합니다.

보통 습식부항은 국소 부위에 한정해서 뜨는 경우가 많습니다. 허리가 아플 때는 허리에, 다리가 아플 땐 다리에 뜨는 방식이죠. 주로 어혈을 제거하려는 데 목적이 있고요. 어혈은 혈액 순환이 잘 안 돼서 생깁니다. 순환이 잘 안 되면, 피가 몸 안 어느 한곳에 머물게 되고 그게 오래되면 뭉쳐 통증이 생깁니다. 어혈은 다쳐서 혹은 염증이 생겨 만들어지기도 하고 몸이 너무 허약해져서 생기는 경우도 있습니다. 기혈이 모두 부족하면 혈액 순환이 잘 안 되죠. 순환을 시켜줄 원동력이자 에너지인 기운도 없고, 막상 혈관 속에서 움직일 혈액도 부족하니까요.

이 때문에 몸이 허약한 사람에게 습식부항을 뜰 때는 더욱더 주의해야 합니다. 어혈이 있더라도 이를 한꺼번에 제거하려고 욕심을 부리면 절대 안 되죠. 체력이 부족한 사람에게서 한 번에 많은 피를 빼면, 턱이 덜덜 떨린다거나 어지러울 수 있으며 몸살이 난 것처럼 쑤시고 미열이 날 수도 있습니다. 이와 관련해서 안타까운 사건 하나가 기억납니다. 평소 당뇨병과 협심증을 앓던 50대가 석 달 동안 총아홉 번에 걸쳐 사혈 요법을 받다가 심장이 갑자기 멈춰 사망한 일입니다. 이를 시행한 사람은 무면허자로 고인의 명치, 등, 가슴 등에서 사혈 행위를 했다고 합니다.

이렇듯 부항, 특히 습식부항을 뜰 때는 환자의 상태를 정확히 파악하는 것이 무엇보다 중요합니다. 부항단지와 삼릉침 모두 소독된

일회용 제품을 쓰고 의료 폐기물로 분리해서 처리해야 하는 것은 두 말할 필요도 없겠죠. 또한 의료 전문가인 한의사 진단에 따라 한의 원에서 시술받으시길 권합니다. 침, 뜸과 마찬가지로 부항도 건강보 험이 적용됩니다.

다이어트에도 좋은 부항

부항 치료의 일차적인 효과는 뭉친 근육을 푸는 것입니다. 그렇기 때문에 부항은 보통 어깨나 등, 허리같이 근육이 많은 곳에 뜹니다. 피부나 근육이 얇은 부위에는 잘 하지 않죠. 근육이 적고 뼈가 도드 라진 손발 그리고 관절 부위에는 일단 부항단지가 잘 붙지 않습니 다. 또한 습식부항은 가슴이나 배처럼 몸통의 앞쪽에는 특별한 경 우가 아닌 한 하지 않는 것을 원칙으로 합니다. 한의학에서 등은 양, 배나 가슴은 음에 속하는데요. 손등과 손바닥을 비교해 보면, 손등 은 피부색이 진하고 손바닥은 그보다는 옅죠. 팔도 마찬가지입니다. 손등과 이어진 팔의 바깥쪽 근육은 단단하고, 안쪽은 상대적으로 연합니다. 이처럼 등에 비해 배와 가슴은 피부가 연약하고 근육도 덜 발달돼 있어요. 음에 속하는 부분에 사혈을 하고 부항을 뜨면 조 직이 손상되고 기운이 빠질 우려가 있어 하지 않는 겁니다. 침과 마 찬가지로 부항도 환자의 상태에 맞춰 개수와 시간, 사혈 양을 조절해야 합니다.

앞서 말씀드린 것처럼 부항은 보통 근육통 치료에 많이 쓰이지만, 그 외 다양한 병증 치료에도 도움이 됩니다. 소화와 관련된 위장 질환이나 고혈압, 두통, 기침 등이 그 예들입니다. 특히 오장육부와 밀접한 배수혈에 부항을 뜨면 어느 장기의 기능이 약해져 있는지 진단까지 가능합니다. 이를테면 등에 있는 심수, 폐수, 간수, 위수에 부항을 떴을 때 특정 부분의 색깔이 진하다면 그곳과 관련된 장기가 약해졌다는 의미가 되니까요.

부항은 어혈을 제거하는 데만 목적이 있지 않습니다. 혈액이 잘 순환하도록 돕기도 하지요. 통증이 있는 부위에 부항을 뜨면 음압으로 인해 일시적으로 피가 모이는 울혈 현상이 생기는데, 부항을 제거하면 몰려 있던 혈액이 한꺼번에 퍼지면서 혈액이 잘 돌게 되는 것이지요. 혈액뿐 아니라 기운도 마찬가지고요. 그래서 피를 뽑는 습식부항이 아닌 건식부항만 해도 치료에 효과가 있습니다.

이런 원리를 바탕으로 요즘은 다이어트에도 부항을 응용합니다. 살이 찌면 아무래도 혈액 순환이 잘되지 않고 그 결과 순환이 특히 안 되는 부분에 더욱 살이 찌는 악순환이 반복됩니다. 팔이나 어깨 혹은 허벅지, 종아리 등 특정 부분에 살이 자꾸 붙는다면 부항 다이어트를 해 보는 것도 도움이 됩니다. 전신의 살을 빼고 싶다면, 등에 에센셜 오일이나 부항 로션 같은 윤활제를 바르고 부항을 붙인 상태에서 방광 경맥을 따라 위아래로 부항을 움직이는 주관법(走罐法)

을 이용하는 것이 효과적이고요. 이러한 방법으로 기네스 팰트로가 출산 후 몸매를 관리했고 케이트 윈슬렛 등 다른 배우들도 부항 다이어트를 해서 화제가 되었지요.

약침:
침 맞기 힘들고 한약도 싫다면

진료 중에 약침에 대한 질문도 자주 받습니다.

"약침이 효과가 좋다던데 그게 뭔가요?"

"주사와 다른가요?"

"침보다 많이 아픈가요?"

침, 뜸, 부항은 전통적인 한의학 치료법으로 그 역사가 오래되었지만, 약침은 비교적 최근에 개발된 치료법입니다. 우리나라에서는 1965년부터 약침 치료가 시작되었는데, 기나긴 한의학의 역사에 비하면 채 100년도 되지 않은 치료법이지요. 우리나라, 중국, 일본뿐 아니라 독일, 이탈리아 등에서도 비슷한 치료법이 있습니다.

약을 혈자리에 주입하는 치료법

약침은 이름에서도 알 수 있다시피, 약물 요법과 침구 요법을 결합한 겁니다. 한약을 정제, 희석, 멸균 등의 가공 과정을 거쳐 만든 약침 액을 혈자리에 주입해 질병을 치료하는 방법이지요.

약침 중 가장 유명한 것이 봉약침이 아닐까 싶습니다. 봉약침 요법이란 벌의 독을 추출, 가공해 약침 액으로 만들어 혈자리에 주사하는 것을 말합니다. 이독치병(以毒治病), 즉 독으로 자극을 주어 병을 치료하는 방법에 해당되지요. 일찍이 《황제내경》(기원전에 편찬된 가장 오래된 중국 의학서)에서도 의원이 병을 치료하는 다섯 가지 방법 중 하나로 '독약 쓰기'를 말하고 있습니다. 15세기 스위스 의학자 파라셀수스는 "독과 약을 구분하는 것은 용량의 차이"라고도 했죠. 그는 산화철, 구리 등의 금속화합물뿐 아니라 수은, 납, 비소 등의 중금속을 처음 의약품으로 채택했습니다. 물론 그의 견해를 모두 받아들일 수는 없을 겁니다. 아무리 희석해도, 조금만 인체에 흡수돼도 해로운 물질이 있으니까요. 하지만 독도 잘 이용하면 약이 될 수 있다는 것은 분명한 사실입니다. 병에 걸리지 않을 정도로 약하게 만든 균이나 독소를 인체에 주사하는 예방 접종이 그 예지요.

동서양 애용한 봉독

봉독은 염증과 통증을 없앨 뿐 아니라 혈액이 잘 돌도록 촉진하고, 균과 바이러스를 막아 주며, 면역력도 높여 줍니다. 얼마나 효과가 좋았던지 《황제내경》 이전의 의학서에도 봉독 효능에 대해 나옵니다. 만성피로와 발기부전 치료에 활용되었다고 합니다. 히포크라테스도 봉독을 "신비한 치료제"라고 말했을 정도이지요. 퇴행성관절염, 류머티즘, 추간판탈출증, 파킨슨병, 중풍 후유증, 근이영양증, 건선 같은 난치병에도 효과가 있어 봉약침의 치료 영역은 점점 더 넓어지고 있는 추세입니다.

다만 봉독도 독이다 보니, 사람에 따라 과민한 면역 반응이 나타날 수 있습니다. 특히 치명적인 아나필락시스(심한 쇼크 증상처럼 과민하게 나타나는 항원 항체 반응)가 일어날 수도 있으니 주의해야 합니다. 특히 알레르기가 있는 사람들은 이 점을 미리 알린 후에 시술 여부를 결정해야 합니다. 과민한 면역 반응은 청장년, 여성에게서 그리고 봄철에 상대적으로 많이 나타나는 것으로 조사된 바 있습니다. 피부가 가렵거나 벌겋게 부어오르는 반응이 가장 흔하고 복통, 구토 등의 소화기계 이상 증상과 재채기, 호흡 곤란 등 호흡기계 이상 증상이 나타나기도 합니다. 이러한 반응이 나타날 때에는 안정을 취하고 얼음찜질을 하면 해결되는 경우가 많습니다. 증상이 심할 경우에는 항히스타민제를 복용하는 것도 방법입니다.

봉독 외에도 약침 액을 이루는 약재가 무엇인지에 따라 약침의 종류가 다양해집니다. 똑같은 근육통, 관절염이라도 증상에 따라 다른 약재가 들어간 약침 액을 놓을 수 있습니다. 염증 때문에 통증이 심하다면 열을 식히고 염증을 줄여 주는 약재, 혈액 순환이 안 되고 어혈이 많다면 어혈을 없애 주는 약재, 근육의 영양이 부족해서 지푸라기처럼 메말라 있다면 보해 주는 약재가 들어간 약침 액을 이용하는 것이 효과적입니다.

침은 못 맞아도 약침은 잘 맞는다?

약침은 근육통, 관절염 치료뿐 아니라 생리 불순, 생리통 같은 여성 관련 질환이나 가슴이 답답하거나 두근거리는 화병이 있을 때, 불면증에 시달릴 때, 기운이 없고 몸이 허할 때 등 다양한 질환과 증상 치료에 이용할 수 있습니다. 요즘은 다이어트, 탈모, 피부 미백 등 미용에도 활용됩니다.

치료 목적에 따라 약침 액을 주입하는 혈자리도 다릅니다. 근육통, 관절염이 있을 때는 보통 아픈 부위인 어깨, 허리 혹은 팔꿈치 등에 약침을 놓고, 특별히 살을 빼고 싶은 부분이 있다면 배, 옆구리 등 직접 그 부위에 놓기도 합니다. 기력이 없고 면역력이 떨어졌을 때는 임맥이나 방광 경맥의 배수혈에 놓기도 하고, 특정 장부가 약해졌을 때는 관련 경락을 이용할 수도 있습니다.

약침을 어느 부위에 놓느냐에 따라 사용하는 주사기의 종류도 달라집니다. 보통은 1시시(cc) 용량의 주사기를 씁니다. 주사기 굵기도 용도에 따라 다른데, 보통 병원에서 맞는 주사기보다는 가는 경우가 많습니다. 그래선지 침 맞는 것을 두려워하는 분들도 약침은 잘 맞습니다. 안 아프고 덜 무섭다면서요.

기운 없고 약 싫어하는 이들에게 유용

그렇다면 이러한 약침 치료의 장점은 무엇일까요? 약침이 한약과 침구 요법을 결합한 것이라면, 기존의 방식대로 한약을 복용하든지 침 치료를 받든지 선택하면 될 것을 왜 굳이 약침을 맞는 것일까요?

앞서 이야기한 것처럼, 침은 막힌 경락을 뚫어 줌으로써 기운을 조절해 주는 효과가 있습니다. 기본적으로 환자가 가지고 있는 기운을 바탕으로 순환을 도와주는 것이죠. 그런데 타고난 기 자체가 약한 사람들이 있습니다. 이런 분들에게 침을 놓으면 힘이 부족해 경락이 조금밖에 뚫리지 않습니다. 그런데 약침을 놓으면 타고난 기에 약의 효과가 더해져 힘이 훨씬 강해집니다. 이것이 약침의 가장 큰 장점입니다.

한약재 특유의 맛이나 냄새 때문에 약 복용을 꺼리는 사람들이 있습니다. 이들에게도 약침이 요긴합니다. 필요한 부위에 직접 한약을 주입해 주니까요. 요즘엔 투명한 증류 한약이나 먹기 좋게 단맛 등을 첨가한 한약도 있지만요.

시술 시간이 비교적 짧고 간단하다는 것도 약침의 장점입니다. 아픈 부위나 목표 부위에 잠깐 주사하면 끝이니까요. 증상과 부위에 따라 다르지만 보통 침 치료 시간은 약 15분인 데 반해, 약침은 채 5분도 걸리지 않습니다.

약침의 가격은 약침 액의 종류와 용량 그리고 치료 목적에 따라 다릅니다. 약침 액의 기본이 되는 약재가 녹용, 산삼 등 비교적 고가의 약재일 경우 약침의 가격도 당연히 올라갑니다. 약침을 어떤 목적으로 어느 부위에 맞느냐에 따라 약침 액의 용량도 달라지는데, 용량에 따라서도 가격이 달라집니다.

교통사고를 당해 자동차보험으로 치료를 받을 때 침·뜸·부항뿐 아니라 약침 치료도 본인부담금 없이 받을 수 있으니 기억해 두면 좋겠습니다.

숨 고르기
일제의 한의학 말살사

"병원에서 한약은 먹지 말라던데요?"

자주 듣는 말 중 하나입니다. 특히 간이나 신장 질환, 암 등 중병을 앓고 있는 분들이 물을 때가 많습니다. 이런 분들 중에는 한의원과 병원 양쪽에서 진료를 받는 분이 많거든요. 양쪽 말이 다르니 환자 입장에서는 혼란스러운 거지요.

사실 의사들이 먹지 말라는 한약의 범위는 상당히 넓습니다. 약재시장에서 한의사의 처방 없이 구입해 먹는 한약재를 비롯해 건강원 등에서 역시 처방 없이 달여 먹는 한약까지 다 아우르는 것이니까요. 제대로 된 한약이 아닌 건강기능식품 혹은 민간요법 등을 모두 '한약'이라는 한 단어로 뭉뚱그려 정의한 것이라 생각하면 됩니다. 그래서 한의원에서 진단받은 후 지어 먹는 한약은 걱정하실 필요가 없습니다.

그럼에도 환자 입장에서는 그런 말을 들으면 불안할 뿐 아니라 한약, 더 나아가 한의학에 대한 믿음이 흔들릴 수밖에 없습니다. '한약에는 간독성이 있다던데…' 어디선가 들은 그 말이 자꾸 맴돌기도 합니다.

사실 간독성은 모든 약에 있습니다. 한약뿐 아니라 약국에서 쉽게 사 먹는 감기약이나 진통제, 해열제까지 모든 약은 간에 부담을 줄 가능성이 있습니다. 이것이 약이 음식과 다른 점이지요. 한약은 양약에 비해 오히려 간독성을 일으킬 확률이 작습니다. 이에 대해선 <간독성: 한약이 간에 안 좋다는 오해의 배경>(83쪽)에서 더 자세히 말씀드리겠습니다.

일제의 한의학 말살 정책

여기서는 사람들이 이렇게 한의학을 불안하게 여기고 불신하게 된 배경을 알아보려 합니다. 가장 근본적인 이유는 현재 우리나라의 메이저 의료기관이 한의원보다는 양방 병의원이라는 데 있습니다. 국가통계포털(KOSIS)에 따르면, 2017년 기준 의사는 10만 명, 치과의사를 포함한 의사 수는 약 13만 명인 반면, 한의사 수는 2만 명에 불과합니다. 또한 병의원 수(종합병원을 제외한)는 3만 4천 개, 치과를 포함한 병의원 수는 5만 개가 넘지만, 한방 병의원 수는 1만 4천 개 정도입니다. 참고로 약사의 수는 3만 7천 명, 약국의 수는 2만 1천 개로 이 역시 한의사 수와 한방 병의원 수보다 많죠.

그렇다면 한의학이 이렇게 변방으로 밀려난 이유는 무엇일까요? 역사적 배경은 이렇습니다. 국권을 상실한 경술국치 이전, 대한제국 시기(1897~1910)에는 양의사와 한의사 모두 의사(醫師나 醫士)로 불렸습니다. 1900년 대한제국 때 세워진 국립병원인 광제원의 의사 대다수가 한의사였고요. 이들은 한약 외에 양약도 함께 사용했습니다. 황실의 주치의 격인 전의도 한의사와 함께 양의사들도 기용했습니다. 이렇게 대한제국 때만 해도 양측이 서로 대립하기보다는 공존하는 식이었지요. 일례로 고종과 순종은 한의학과 서양의학 치료를 함께 받았습니다. 진료를 받아야 하면, 한의사와 양의사에게 진료받고 약도 한약과 양약을 함께 복용하는 식이었지요. 광제원에서도 침술과 투약을 함께했습니다. 한의사가 양약을 투약하는 일도 있었고요.

이렇게 대한제국 때까지는 한의학과 서양의학이 상호 보완적인 관계였는데, 일제가 끼어들면서 문제가 생깁니다. 일제가 강제로 의료 교육제도를 서양의학 중심으로 바꾸어 버린 겁니다. 그 바람에 한의학은 제도권에서 점점 밀려나게 되지요.

구체적으로 보면 일제는 1899년 관립 의학교를 설립하고, 16개 학과목을 모두 서양의학으로만 구성함으로써 본격적으로 한의학을 밀어내기 시작합니다. 이에 고종이 1904년에 최초의 근대식 관립 한의학 교육기관인 동제의학교를 설립합니다. 일찍이 전의와

광제원 원장을 역임한 장용준 등이 한의학교를 세워야 한다고 청원한 것을 고종이 승인한 결과입니다. 하지만 1907년 6월 헤이그 밀사사건으로 고종이 강제 퇴위되면서 동제의학교는 개교한 지 3년 만에 결국 사라지게 됩니다.

일본은 메이지유신 이후 서양의학을 국가의 공식 의학으로 삼죠. 그리고 이를 조선에도 적용합니다. 1914년 조선총독부는 일본에서 '안마술, 침술, 구술영업취체 규칙'이란 제도를 들여옵니다. 이 규칙에 따르면, 안마를 하거나 침을 놓으려는 사람은 보통학교를 1년 이상(이후에 보통학교 3년으로 개정) 다닌 사람이면 됩니다. 공식 자격시험은 없고요. 해방을 1년 앞둔 1944년에 명칭이 안마사, 침사, 구사(뜸으로 병을 고치는 사람)로 바뀝니다. 그러다 해방 이후인 1951년 국민의료법에 따라 침사와 구사는 접골사와 함께 의료유사업자로, 의사·치과의사·한의사는 의료인으로 구분됩니다. 즉 일제 강점기에는 서양의학을 배운 의사만 의사였고, 한의사는 안마사·침사·구사 등으로 분리되고 지위도 낮아져 의사로 인정받지 못했습니다.

잠깐 등장했다 사라진 '의생'

한편 1913년 일제는 서양의학 중심의 교육제도와 별개로 한의사를 '의생'으로 합법화합니다. 의생은 안마사, 침사, 구사와 달리 주로 탕액을 중심으로 의료 행위를 하던 사람들입니다. 의생규칙(醫

生規則)에 따르면 의생의 자격은 '조선인으로 20세 이상인 자', '본령 시행 전 조선에서 2년 이상 의업을 한 자'입니다. 즉, 이 법안이 시행되기 전에 2년 이상 의업에 종사한 적이 있는 20세 이상의 조선인이어야 한다는 겁니다. 그리고 의생 면허 신청 기간을 3개월로 한정해 놓는 꼼수도 부립니다.

하지만 의생은 의사보다 낮은 호칭인 데다 자격 조건만 봐도 한의사를 무시한 것이라 당시 면허 받기를 거부한 유의(의사이면서 유교의 교리에 통달한 사람)가 많았습니다. 최종적으로 면허증을 받은 사람은 5813명이었는데 일제는 이들에게만 영구적인 면허증을 발급해 줍니다. 이후에는 필요할 때만 5년 이내로 제한된 면허증을 발급했습니다.

이처럼 일제가 한시적으로 의생 제도를 실시한 데는 이유가 있습니다. 당시 한국인 양의사는 144명(일본인 의사는 464명)뿐이었습니다. 총독부는 부족한 양의사를 보충하기 위해 한의사들에게 일시적으로 의생이라는 면허를 주었던 겁니다. 비교적 간단한 공중위생 업무는 이들에게 맡기려고요. 전염병 예방이나 검시(사람이 죽었을 때 범죄로 인한 것인가를 판단하기 위해 수사 기관이 변사체를 조사하는 일) 같은 일이었죠. 한의사를 당장 없애자니 식민지를 관리하는 데 어려움이 있어 잠시 이용할 수 있는 의생을 만든 겁니다. 그런데 이 의생 제도마저 1944년에 폐지됩니다. 그 바람에 한의사의 명맥이 완전히 끊기고 말지요.

조선의 한의학 대 일본의 서양의학

일본이 식민지를 쉽고 편하게 다스리기 위해 의학을 서양의학으로 일원화했다는 것은 대한의원을 보면 더욱 잘 알 수 있습니다. 대한의원은 1907년에 대한제국이 광제원, 적십자병원 등을 통폐합해 설립한 새로운 중앙 의료기관입니다. 설립 과정에 일제도 많이 개입했는데요, 조선 의술을 발전시키기 위해서라고 주장했지요. 하지만 실상은 일본인 의사를 통해 중앙 의료기관을 장악하려는 속셈이었습니다. 대한의원을 이용한 환자 대부분도 일본인이었고요.

대한제국 시기의 의료 체계는 통감부가 장악한 대한의원 등의 의료기관과 위생경찰제도를 기본으로 합니다. 일본이 조선의 식민 지배를 정당화하기 위해 주장한 것 중 하나가 '조선인에게 현대의학의 혜택을 준다'는 것이었죠. 하지만 조선인을 회유할 방법으로 서

현재는 서울대병원 의학박물관인 대한의원

양의학을 이용한 것뿐이고, 강화된 위생경찰을 통해 조선인을 효율적으로 통제하려던 게 실제 이유였습니다. 위생경찰은 청결·보건 사업, 식품 위생, 가축 방역, 전염병 관리, 의약인 단속 등 다양한 업무를 수행했는데 이를 빌미로 조선인을 통제했습니다. 일반 경찰은 범죄를 저지른 특정인들을 다루는 데 반해, 위생경찰은 합법적으로 전 국민 모두를 감시할 수 있었지요.

일본의 지배층은 조선인이 무지몽매해서 위생경찰제도를 강제할 수밖에 없다고 목소리를 높였습니다. 조선인들은 미신과 잘못된 관습에 사로잡혀 있고 위생관념이 부족해 성숙한 근대인(일본인)에게까지 병을 옮길 수 있으니, 강압적으로 관리할 수밖에 없다는 겁니다. 이런 주장은 조선의 한의학 대 일본의 서양의학 대결 구도를 만들었고, 자연스럽게 한의학을 열등하고 없어져야 할 대상으로 전락시켰습니다. 아울러 일제는 식민 지배에 대한 긍정적인 인상을 남기기 위해 무료 진료를 실시하기도 했습니다. 물론 서양의학을 중심으로요.

한의학 말살은 민족말살정책의 일환

이렇듯 우리나라 한의학의 근현대 역사에는 약 50년이라는 암흑기가 존재합니다. 일제는 민족말살정책의 일환으로 한글을 탄압하고 한의학을 경시했습니다. 한의사는 침사, 구사 그리고 의생의 지위로 떨어지고, 그 과정에서 사람들 머릿속에 서양의학은 근대적

70

이고 과학적인 반면 한의학은 전근대적이고 비과학적이라는 인식이 심어지게 됩니다.

1930년대에 일제의 정책이 잠깐 바뀐 적이 있습니다. 한창 전쟁을 벌일 때여서 의료 인력과 약품이 많이 필요해졌기 때문이지요. 한약재 재배를 권장하고, 한약 연구기관도 만듭니다. 당시 서양의 의료 기구, 의약품은 비싼 반면 임상 효과는 다소 부족했기 때문이지요. 그러나 전쟁을 위한 일시적인 대책이었을 뿐, 이러한 일제의 움직임이 한의학을 발전시켰다고 평가하기에는 무리가 있습니다. 한의학에 대한 불신은 이런 역사적 배경에 뿌리를 두고 있음을 기억해 두면 좋겠습니다.

향기 치료:
당장 약을 먹지 못할 때

향기 요법을 '아로마 세러피(aroma therapy)'라고도 합니다. aroma(향)와 therapy(치료)가 합쳐진 말로 약용 식물의 향과 약효를 이용해서 질병을 예방하는 한편 치료도 하는 방법이지요. 구체적으로는 향기를 직접 맡게 하거나, 마사지를 받거나 목욕을 할 때 향기를 활용하는 방식으로 예방과 치료가 이루어집니다.

숲이나 산에 가서 좋은 향기를 맡으면 기분이 좋아지죠? 마음이 안정되고 몸까지 상쾌해집니다. 그런데 어떤 원리로 이렇게 되는 걸까요? 몸에 직접 바르거나 흡수되게 하는 것이 아니라 단지 코로 냄새만 맡아도 치료의 효과가 있는 걸까요? 아니면 단지 기분의 문제일까요?

인간에게 후각은 보고 듣고 맛보고 피부로 느끼는 감각들에 비해 역치가 가장 낮습니다. 역치란 어떤 반응을 일으키는 데 필요한 최소한의 자극량을 말해요. 즉, 다른 감각들에 비해 후각은 유독 예민합니다. 반응 속도도 빠른 편이고요. 반면 쉽게 피곤해집니다. 코는 한 가지 냄새에 오랫동안 노출되면 감각이 사라져 냄새를 맡지 못하게 돼요. 하지만 다른 냄새에는 다시 반응할 수 있는 특징을 갖고 있습니다.

코로 들어간 향기는 뇌에 전달되면서 호르몬을 분비시켜 몸에 작용합니다. 호르몬은 혈액을 타고 특정 표적기관으로 이동해 여러 가지 생리 현상을 조절할 수 있는데요. 신체 조직의 성장과 발달, 항상성 유지 그리고 감정과 행동의 조정까지 거의 모든 생명현상에 관여한다고 할 수 있습니다. 그렇기 때문에 향기는 감정 즉 기분뿐 아니라 신체에도 작용해 치료 효과를 보인다는 것이죠.

물론 이러한 효과에 의문을 품는 이들도 있습니다. 먹거나 피부로 흡수된 것이 아니라 향기를 흡입했을 때는 혈액검사 결과 아무 성분도 검출되지 않고 이로 볼 때 향기는 우리 몸에 크게 영향을 끼치지 않는다는 겁니다.

향기가 기를 조절한다

심리학을 이용해 향기 치료의 효과를 설명하기도 합니다. 경험과 학습 그리고 기억의 연상 작용을 통해 효과가 나타난다는 것인데요. 이는 냄새가 자신이 겪은 과거의 경험과 그때 느꼈던 감정까지 떠올려 주기 때문에 가능한 일입니다. 그래서 같은 향이라도 어떤 이에게는 효과가 있지만 어떤 이에게는 없을 수도 있죠. 사람이 실제로 인지하고 기억할 수 있는 냄새의 종류는 2000~4000가지라고 합니다.

그렇다면 한의학에서는 향기 치료를 어떻게 설명할까요?

한의학에서는 약성에 대해 말할 때 주로 '기미'로 이야기합니다. 즉, 기운과 맛이 한약의 성질과 약효를 결정한다는 것이죠. 기미는 약의 성질이 차가운지 따뜻한지 그리고 맛이 어떤지를 기본으로 해서 크게는 승강부침까지 포함합니다. 승강부침(升降浮沈)이란 말 그대로 '오르고 내려가고 뜨고 가라앉다'는 뜻이에요. 예를 들어 하혈을 하거나 설사가 심할 경우 아래로 내려가는 기운이 강한 상태죠. 이럴 때는 기운을 올려 주는 약을 쓰면 도움이 됩니다. 반대로 구토나 천식, 기침을 할 때는 위로 치받치는 기운이 강함을 느낄 수 있습니다. 이때는 기를 아래로 내려 주면 안정될 수 있겠죠.

위아래뿐 아니라 몸의 안쪽과 바깥쪽으로도 나누어 생각할 수 있습니다. 열이 날 때 피부를 통해 땀을 내어 식히듯이, 몸 밖으로 안 좋은 기운을 내보낼 수 있습니다. 땀이 나면 개운하게 나을 수 있을 것 같은데 땀이 안 날 경우, 땀구멍을 열어 주는 즉 몸의 바깥쪽을 풀어 주는 약재를 사용하면 효과가 있겠죠. 반대로 기운을 모아 안쪽을 다스려야 할 경우도 있습니다. 똑같이 땀이 나는 경우라도 열을 내리기 위한 땀이 아니라 기력이 없을 때 흘리는 땀이 있어요. 보통 몸이 허약해지거나 스트레스를 많이 받았을 때 식은땀이 납니다. 자고 일어나면 옷이나 심하면 잠자리까지 축축하게 젖어 있는 분이 꽤 많은데요. 이런 일이 일시적으로 한두 번 일어나면 큰 문제가 아니지만 계속 반복적으로 일어난다면 체력이 점점 떨어지게 됩니다. 땀이 난다는 것은 수분을 포함해서 염분과 칼륨, 질소 함유물이 빠져나가는 겁니다. 소변과 비교하면 물의 비율이 좀 더 높은 편이고요. 몸 안의 노폐물이 적절한 때에 배출되는 것은 꼭 필요한 과정이지만, 몸 안의 것이 어느 선 이상으로 빠져나가 몸의 균형이 깨진다면 큰일이겠죠. 실제로 식은땀을 흘리고 나면 몸이 개운하거나 가벼운 것이 아니라 오히려 기운이 없고 무겁게 가라앉는 느낌이 들어 힘들 때가 많습니다. 이때는 몸 밖으로 나가려는 기운을 안으로 수렴해서 잡아 주어야 합니다.

이처럼 한의학에서는 약재의 성질과 효과를 기의 작용으로 설명합니다. 그런데 한약을 복용하거나 피부로 흡수하지 않고 냄새를 맡는 것만으로도 기의 작용에 영향을 미칠 수 있습니다. 하혈을 하는 여성이 지혈 효능이 있는 한약을 입에 넣기만 해도 출혈이 멎는 극적인 효과를 볼 때가 있는데요. 몸이 예민한 여성의 경우에는 약을 입

안에 머금기 전 냄새를 맡는 것만으로도 그 약이 자신에게 맞는지 아닌지 알 수가 있습니다. 약재가 소화기관으로 들어가 실제로 약효를 발휘하기 전에도 충분히 알 수 있지요.

물론 한약을 먹는 것과 향기 치료를 비교하면 향기 치료 쪽이 효과는 덜합니다. 하지만 당장 약을 먹지 못할 상황이라면 충분히 차선책으로 선택할 수 있는 치료법이에요.

한의학에서도 다양하게 응용 중

증류 한약도 향기 치료와 마찬가지로 기미를 이용한 것입니다. 특히 기의 작용이 약효에 중요한 영향을 끼치죠. 주로 한약 복용을 꺼리는 아이들이나, 소화기관이 아주 약하거나 몸이 극도로 쇠약해서 한약을 제대로 흡수하지 못하는 환자들에게 증류 한약을 처방합니다. 한약 하면 떠오르는 진한 색깔의 쓴맛 나는 약을 싫어하는 사람들도 증류 한약은 별 거부감 없이 먹을 수 있습니다. 그렇지만 한편으로는 물처럼 밍밍하고 색깔도 투명하니 이게 진짜 약이 맞나 하고 의구심을 품는 분들도 있지요. 기존 한약이 증류 한약에 비해 유효 성분이 많고 약효가 뛰어난 건 사실입니다. 하지만 아무리 좋은 약이라도 먹지 못하면 아무 소용이 없겠죠. 증류 한약 역시 약재의 기미를 갖고 있으니 효과는 걱정하지 않으셔도 됩니다.

증류 한약은 네뷸라이저(nebulizer)
를 이용해 흡입하기도 합니다. 네뷸
라이저는 이비인후과에서 많이 이
용하는 기구로, 약물을 에어로졸
(aerosol) 형태로 만들어 코나 입으로
흡수시키는 거예요. 증기 형태로 나
오는 약물을 콧속, 목구멍, 기관지에
닿게 해서 주로 염증이나 알레르기
를 치료합니다.

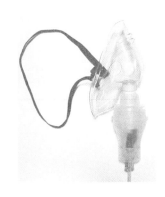

네뷸라이저

이미 여러 번 강조했듯이 건강의 유지와 질병 치료에 있어 가장
중요하고 기본이 되는 것이 기운의 소통입니다. 약재를 이용한 향기
치료는 기를 소통시키는 데에도 효과적입니다. 코가 막혀 답답했는
데 우연히 양파를 썰다가 뻥 뚫린 경험을 한번쯤 해 보셨을 겁니다.
매운 음식을 먹으면 기운이 발산됩니다. 발산이란 수렴의 반대 개념
이지요. 몸의 바깥쪽으로 기가 이동하는 겁니다. 그래서 스트레스를
받거나 가슴이 답답할 때 그 응어리를 풀기 위해 매운 음식을 찾는
거예요. 맛뿐 아니라 향까지 매운 기운을 내는 약재라면 냄새를 맡
는 것만으로도 발산의 효과를 얻을 수 있습니다.

향기 치료는 한의학에서도 다양하게 쓰이고 있습니다. 비염, 축농
증 등 호흡기계 질환부터 정신과 질환 그리고 암, 중풍 등 여러 병에
활용되고 있어요. 암은 병명 자체로도 공포를 안깁니다. 또한 치료

과정이 힘들다 보니 불안감, 우울증을 동반하고 이 때문에 많은 분이 수년 상애까지 겪지요. 특히 항암 치료 중 겪는 오심(가슴이 울렁거리고 구역질이 나며 불쾌한 증상) 구토, 식욕 부진 등으로 인해 체력이 떨어져 병과 싸울 힘과 의지를 잃기도 합니다. 향기 치료는 마음을 안정시킬 뿐 아니라 구역감을 줄이고 식욕을 돋우는 데도 효과적입니다.

암 중에서 특히 설암, 후두암, 인두암 등 두경부(뇌 아래에서 가슴 윗부분 사이)에 생기는 암이나 폐암, 뇌종양에서 향기 치료의 효과가 두드러집니다. 약재를 증기로 흡수시키는 방법을 '비강내주입'이라고 합니다. 이 방법을 쓰면 비강 상벽을 통해 뇌의 실질조직으로 약의 성분을 직접 흡수시킬 수 있다는 내용이 2002년 세계 최고의 신경학계 권위지인 《네이처 뉴로사이언스 Nature Neuroscience》에 발표되기도 했습니다.

향기 치료에 이용되는 약재들

이번엔 향기 치료에 이용되는 약재들을 소개하겠습니다. 이름에서부터 향(香)이 들어가 있는 정향, 유향, 단향, 목향, 곽향 등이 대표적입니다. 우리가 이미 잘 알고 있는 향을 가진 모과, 진피(귤껍질), 감국(국화), 쑥, 계피, 박하 등도 자주 활용됩니다. 이 밖에 한약 냄새 하면 떠오르는 당귀, 천궁, 백지(구릿대 뿌리), 감초 등도 다양하게 이용되고 있습니다.

대표적인 약재들만 소개하겠습니다. 첫 번째로 정향입니다. 정향은 꽃을 약재로 쓰는데, 향신료로도 널리 쓰이지요. 중국식 돼지고기 요리인 오향장육에도 정향이 들어갑니다. 이 음식에는 정향을 비롯해 회향, 계피, 산초, 진피 다섯 가지 향신료가 들어갑니다. 모두 약재로도 쓰이며 몸을 따뜻하게 해 주고 소화를 돕는 공통점이 있습니다.

정향(丁香)이라는 이름은 꽃 모양이 마치 못처럼 생겼고 꽃에서 향기가 난다고 해서 붙여진 것이지요. 영어 이름인 클로브(clove)의 어원도 못입니다. 매운맛이 나고, 향기도 약간 알싸한 매운 냄새입니다. 따뜻한 성질이 있어 배가 차고 아플 때, 구토가 나거나 식욕이 떨어질 때 쓰면 좋습니다. 입냄새를 없애는 효과가 있어 예로부터 많이 이용되었고요. 진통 작용도 뛰어납니다. 치통, 잇몸 통증, 관절염 통증을 완화하고 항염, 항균, 살균, 살충 등의 효능도 갖고 있습니다.

유향은 유향나무의 진(수액)을 건조시켜 만든 약재입니다. 맛은 맵고 쓰며, 레몬과 비슷한 상쾌한 수목의 향기를 가졌어요. 유향의 향은 기를 순환시키고 숨이 가쁜 증상을 호전시켜 천식 등 호흡기계 질환을 앓는 환자들에게 좋습니다. 유향은 성경에도 나오는데요, 동방박사들이 아기 예수에게 몰약과 함께 선물로 바친 것으로 유명하지요. 몰약 역시 몰약나무의 진을 말린 겁니다. 유향과 몰약은 모두 어혈을 없애 혈액 순환을 촉진하고 통증을 가라앉힙니다. 생리통 등

여성 질환에 함께 쓰일 때가 많습니다.

단향은 단향나무 나무줄기의 중심부에 있는 단단하고 색이 짙은 부분입니다. 맛은 맵고, 맑은 향기를 풍겨요. 유명한 에센셜 오일 샌들우드(sandalwood)도 단향으로 만든 거죠. 단향은 향수에도 많이 쓰이고, 신경을 안정시키는 효과가 있어 불안이나 우울증, 불면증 치료에도 이용됩니다. 기운을 순환시켜 명치와 가슴 통증, 복통 등 소화기계 질환 치료에 좋습니다.

목향은 뿌리를 약으로 씁니다. 향기가 마치 꿀 같아서 밀향(蜜香)이라고도 하지요. 향이 좋아 신라 시대의 귀부인들은 주머니에 넣고 다니면서 요즘의 향수처럼 이용했다고 합니다. 그뿐만 아니라 목향의 향은 정신을 맑게 해 주고 스트레스로 인해 뭉친 곳을 풀어 줍니

다. 기운을 잘 통하게 해서 공진단의 재료로도 쓰입니다. 공진단은 원래 사향, 녹용, 당귀, 산수유 네 가지로만 구성된 처방인데, 사향 대신 목향을 넣어 만들기도 합니다. 사향이 워낙 비싸고 구하기 어려우니까요. 목향의 맛은 맵고 씁니다.

　마지막으로 소개할 곽향(藿香)은 잎이 콩잎을 닮아 곽향이라고 합니다. '곽(藿)'은 콩잎이라는 뜻이에요. 배초향, 방아풀이라고도 하는데, 맛은 약간 맵고 시원합니다. 매운탕, 추어탕 등에 비린내를 잡기 위해 넣기도 하지요. 체하고 속이 메스껍고 구토, 설사가 있을 때 효과적입니다. 특히 소화 장애가 겹친 여름철 감기에 좋습니다.

　이처럼 다양한 약재가 향기 치료에 이용됩니다.

향을 이용할 때 주의할 점

일상생활에서 흔히 접하는 향은 보통 향수나 향초, 방향제 등에서 나오는데요. 일단 향 자체를 살펴보면, 천연 향인 것도 있지만 석유에서 추출한 화학물질로 만들어진 인공적인 향도 많습니다. 우리 몸에 유익한 천연 향이 포함돼 있더라도 극히 소량만 들어가 있고 나머지는 대부분 몸에 해로운 화학 성분과 유화제, 방부제 등으로 이루어진 제품이 많습니다. 천연 향만으로는 향이 오래 나고 넓게 퍼지기 어려워 화학물질을 이용하는 것인데요, 문제는 이런 화학물질로 인해 기침, 천식 등 호흡기계 질환과 아토피 등 피부, 알레르기 질환이 생길 수 있다는 겁니다. 어지럼증, 두통, 호흡 곤란을 호소하는 분도 적지 않고요.

그렇기 때문에 기분을 전환하려고 특히 건강을 위해 향기를 이용할 때는 조금 더 신경을 써야 합니다. 먼저 화학물질이 포함된 인공향을 쓸 때는 너무 자주 쓰지 않는 게 좋고, 한 번에 너무 오랜 시간 사용하지 않는 것이 좋습니다. 자동차나 방처럼 밀폐된 공간에서 사용할 때는 자주 환기를 해야 하고요. 천연 향이라도 개인의 취향, 감각과 경험에 따라 호불호가 나뉠 수 있으니 나에게 맞는 향을 찾아보려는 노력도 필요합니다. 기분도 좋아지고 몸에도 좋은 향기를 좀 더 건강하게 이용해 보면 어떨까요.

간독성: 한약이 간에
안 좋다는 오해의 배경

　이번엔 앞에서 대답을 미루어 두었던 '간독성'에 대해 이야기하겠습니다. 간독성이란 한약, 양약뿐 아니라 건강기능식품 등 화학물질에 의해 간이 손상되는 것을 말합니다. 몸에 좋은 채소나 과일이라도 녹즙처럼 한꺼번에 너무 많이 갈아 마시면 간에 부담을 줄 수 있습니다. 운동할 때 단백질 섭취를 위해 많이 챙기는 헬스보충제도 간을 손상시킬 수 있고요.

모든 약은 간에 부담스럽다

대한한의학회지 제32권 제4호(2011년 7월)에 실린 논문 〈독성학적 측면에서의 한약에 의한 간독성 유발과 기전〉에 따르면, "미국의 경우, 약물에 의한 부작용을 겪는 환자가 전체 환자 중 9퍼센트인데 이 중 약인성 간독성이 가장 많았다. 2005년 우리나라 정부에서 발표한 약물로 인한 간 손상 314사례 중 82사례가 한약의 간독성 사례로 보고되고 있다"고 합니다.

약물 부작용은 약물을 사용했을 때 원래 의도한 목적과 다른, 원하지 않는 신체적·정신적인 증상이 나타나는 것을 말해요. 용량과 용법에 맞게 약물을 사용하더라도 환자 개개인의 특성에 따라, 의약품 자체의 특성에 따라 약물 부작용은 일어날 수 있습니다. 약물로 인한 유해 반응 중 간 손상이 많고, 한약도 물론 약이어서 간 손상을 일으킬 수 있습니다.

모든 약은 부작용의 가능성이 있습니다. 흔히 살 수 있는 감기약에만 해도 주의 사항이 적혀 있습니다. '다음과 같은 사람은 이 약을 복용하지 마라, 이 약을 복용하기 전에 의사, 약사와 상의해라, 특정 증상이 나타나면 이 약의 복용을 즉각 중지하고 상의해라' 등 깨알 같은 글자로 가득 적혀 있지요.

진통제 타이레놀을 예로 들어 보겠습니다. 1940년대 이후 아세트아미노펜(해열진통제. 타이레놀은 아세트아미노펜 단일 성분으로 이루어진 대표적인 약이다)은 아스피린보다 안전하다는 것이 증명되어 1955년 시장에 출시되었습니다. 1960년도부터 미국 FDA는 아세트아미노펜을 처방 없이 판매할 수 있는 일반의약품으로 승인했습니다. 요즘은 편의점에서도 타이레놀을 판매하고 있는데, 그만큼 비교적 안전한 약물이라는 얘기지요. 이런 타이레놀에도 간 손상 가능성을 경고하는 문구가 붙어 있습니다. '매일 세 잔 이상 정기적으로 술을 마시는 사람이 이 약을 복용하면 간 손상이 유발될 수 있다, 아세트아미노펜으로 일일 최대 용량(4000밀리그램)을 초과할 경우 간 손상을 일으킬 수 있다.' 즉, 약물 부작용이 일어났다고 해서 '그 약은 나쁘다, 복용하면 안 된다'고 할 수는 없습니다.

간독성에 대한 오해들

간은 약물뿐 아니라 알코올, 니코틴 그리고 소화하면서 생기는 몸에 해로운 물질의 독성을 제거하는 역할을 합니다. 이런 간에 염증이 생기면 간염에 걸리기도 하고, 간 기능이 떨어졌을 때는 간 수치가 올라가기도 하죠. 간 수치는 혈액 검사로 알 수 있는데요, 간 건강 상태를 파악할 수 있는 대표적인 지표입니다. 간세포 안에는 AST, ALT, GGT, GTP 등의 효소들이 있는데, 이 효소들의 양이 증가할수록 간세포가 많이 손상되었다는 것을 의미합니다. 보통 AST, ALT의 정상 범위는 0~40IU/L으로, 이보다 높으면 간 기능에 문제가 생겼다고 볼 수 있지요. 하지만 간 수치가 간 기능을 반영하는 절대적인 수치는 아닙니다. 만성적인 간 질환을 앓고 있어도 간 수치가 정상일 수 있고, 지방간만 있는데도 간 수치가 높게 나타나기도 합니다. 설사 간 수치가 높아졌더라도 술을 자제하고 음식을 골고루 먹어 영양 균형을 맞추고, 충분한 휴식을 취하면 좋아지는 경우가 많습니다. 약을 복용하는 기간에는 되도록 술자리를 삼가라고 많은 의사가 권유하는데요, 아무래도 간에 이중으로 부담을 줄 수 있기 때문입니다.

그렇다면 왜 유독 한약이 간에 나쁘다는 인식이 생긴 걸까요? 앞서 언급했듯이 우리가 한약이라고는 부르는 범위가 지나치게 넓은 것이 큰 이유입니다. "뭘 드셨길래 간 수치가 올라갔을까요?"라고 물었을 때 "한약이요"라고 대답한다는 것이죠. 그런데 실상 자세히 들어 보면 한약이 아닌 겁니다. "인진쑥이 간에 좋다고 해서 약재시장에서 구해서 먹었어요", "가시오가피가 관절에 좋다고 해서 마트에서 사 먹었는데…" 등등을 모두 한약이라고 뭉뚱그려 얘기하는 것이죠.

많은 분이 떠도는 건강 정보에 의지해 마음대로 뭔가를 복용하는 경우가 있습니다. "부모님이 잘 아는 건강원에서 한약을 지어 주셔서 먹었다"는 것도 한 예고요. 약을 먹어야 하는 사람의 건강 상태를 바탕으로 제대로 진단하고 처방하는 과정 없이, 뭐가 좋다더라는 말만 믿고 한약이나 한약재를 먹는 일이 비일비재합니다.

물론 한약재 중에서 간독성을 유발할 위험이 있는 것도 있습니다. 대표적인 것으로 황금을 많이 이야기합니다. 2005년에 식품의약품안전청에서 주관한 〈생약(한약) 등의 90일 반복 투여, 독성 시험(황금)〉 결과, 황금의 무독성량(몸에 해로운 영향을 미치지 않는 범위에서 섭취 가능한 최대의 양)은 실험용 쥐의 암컷과 수컷 모두에서 313mg/kg였습니다. 즉 실험용 쥐의 무게가 1킬로그램(kg)이라면 313밀리그램(mg), 쥐가 500그램이라면 313의 반인 156.5밀리그램까지 섭취해도 해롭지 않다는 것이죠. 이 연구에서는 황금의 무독성량뿐 아니라 유전독성(어떤 종류의 화학물질이 생물의 유전자에 장애를 주는 독성)도 함께 실험했는데, 모두 안전하다는 결과가 나왔습니다.

일반적으로 독성의 강도를 나타내는 단위로 반수 치사량(LD50)이 있습니다. 이것은 투여 시 실험동물(보통은 쥐) 100마리 중 50마리가 죽는 약물의 용량, 즉 절반을 죽게 만드는 양을 말합니다. 이 값이 30mg/kg 이하면 독물, 30~300mg/kg이면 극물이라 하고, 300~500mg/kg의 범위일 때는 독성이 약한 일반의약품으로 여깁니다. LD50 값이 2000mg/kg을 초과하면 사실상 무독하다고 보죠. 예를 들어, 소금의 LD50은 3000mg/kg입니다. 이 기준에 따르면 한약재는 몇 가지를 제외한 대부분이 독성이 약하거나 무독합니다. 한의원에서 자주 쓰는 한약재는 LD50이 2000mg/kg 이상인 거죠.

양약과 한약 함께 쓰면 더 좋아지기도

한약 자체에 독성이 있는지 궁금해할 뿐 아니라, 한약을 양약과 같이 먹어도 되는지 묻는 분도 많습니다. 이에 대한 연구 결과를 하나 소개하고자 합니다. 간에 이상(비정상) 수치를 보이는 138명의 입원 환자를 대상으로, 양약과 한약을 결합한 치료를 했을 때 간 기능이 어떻게 달라지는지 살펴본 논문(〈입원 환자 138명에 대한 한약과 양약 병용에 따른 간 기능 변화 조사*Influence of combined therapy with conventional and herbal medicines on liver function in 138 inpatients with abnormal liver transaminase levels*〉)입니다. 경희대 병원에서 실험 대상자 138명에게 최소 2주 이상 양약과 한약을 병용해 치료하고 나서 결과를 보았는데 오히려 AST, ALT, GGT 간 수치가 낮아졌습니다. 입원했을 때 비정상적인 AST, ALT, GGT 수치를 보인 환자가 48명, 66명, 104명이었는데, 양약과 한약을 병용해 치료한 후에는 각각 13명, 37명, 64명으로 감소했습니다.

건강한 사람들에 비해 간 질환이 있는 환자들은 한약을 복용하면 아무래도 간 손상의 우려가 있겠죠. 따라서 어떤 약을 복용하고 있는지, 간 질환이 있는지 없는지 등을 자세히 얘기 나눈 후 처방받는 게 안전합니다.

그러나 간이 안 좋은 사람이라고 해서 무조건 한약이 금기시되는 것은 아닙니다. 오히려 간을 튼튼하게 해 주는 한약도 많습니다. 직접 간 건강에 관여하는 약도 있지만, 간 외의 다른 것들의 기능을 좋게 해 줌으로써 간 기능 회복에 도움을 주는 약도 있죠.

얼마 전 대장암으로 항암 치료를 받고 있는 분이 오셨습니다. 항암 치료는 한 번에 끝나지 않고 몇 달에 걸쳐 여러 번 하는 경우가 많습니다. 이 환자의 경우, 세 번째 항암 치료 중 간 수치가 높아져 더는 치료를 이어 가지 못한 채 간 수치가 회복되기만을 기다리고 있었죠. 병원에서 영양주사를 맞고는 있었지만, 제대로 식사도 못하고 몸의 기력은 점점 떨어져 간 수치가 안정되지 않고 계속 높아지기만 했습니다. 이때 몸의 기운을 보해 주고 약해진 소화 기능을 회복하는 데 도움이 되는 한약을 드셨어요. 한약을 복용한 지 채 이틀이 지나지 않아 간 수치가 회복되면서 다시 항암 치료를 이어 갈 수 있었습니다.

대만에서 진행한 〈약물 부작용 감시 보고 체계에 기반한 약인성 간 손상〉 연구에 따르면 약물에 의한 간 손상의 40퍼센트 정도가 항결핵제(결핵의 예방, 치료에 사용되는 약)인 것으로 나타났고, 스타틴 같은 항지질제(혈중 콜레스테롤·중성지방 저하제), 항암제 등도 주요 원인이었습니다. 즉 항암 치료를 하는 것만으로 이미 간에 무리를 줄 수 있는 상황이고 실제로도 간 수치가 높아져 있는 환자였지만, 그 환자에게 적합하게 처방, 제조된 한약은 오히려 간 수치를 내리는 효과가 있었던 것이죠.

앞서 간 수치가 높아졌을 때 영양의 균형과 휴식이 중요하다고 이야기했습니다. 이 환자의 경우, 항암제 때문에 소화기관이 약해졌을 뿐 아니라 수많은 검사와 치료 과정에서 금식을 해야만 하는 상황이 반복되었습니다. 음식을 먹지 못하니 영양 섭취가 제대로 되지 않았던 것이죠.

'약식동원'이라는 말이 있습니다. 약과 음식은 근원이 같다는 뜻입니다. 이러한 측면에서 보면 한약은 양약에 비해 좀 더 음식에 가깝고 안전하다고 생각할 수 있습니다.

안전한 약의 대명사로 알려진 타이레놀도 그 역사는 채 100년이 되지 않았습니다. 타이레놀이 일으킬 수 있는 간 손상 부작용을 문제시한 것도 최근 몇 년 사이에 일어난 일입니다. 수많은 과학적인 이론과 실험으로 검증해 왔지만, 장기간 약을 복용할 때 나타날 수 있는 문제점은 그만큼 예측하기 어렵습니다. 약을 복용하는 대상이 인간이기 때문이죠. 아무리 인간을 대신해서 다른 동물로 실험한다 한들 실제 인간에게 적용했을 때와는 다를 수밖에 없으니까요.

이런 약들에 비하면 한약의 역사는 비교도 안 될 만큼 깁니다. 물론 과학이 눈부시게 발전한 만큼 현대적인 방법으로 한약의 효능과 독성에 대해 연구하는 일도 게을리해서는 안 되겠죠.

양약이 간 손상 더 일으켜

일본의사협회지에 실린 데이쿄 의과대학 하지메 다키카와(滝川一) 교수의 논문 〈일본에서의 현재 약인성 간 손상의 현실과 그 문제점〉에 따르면, 10년간 일본에서 보고된 879건의 약물로 인한 간 손상 중 14.3퍼센트가 항생제, 10.1퍼센트가 정신·신경계 약물이었습니다. 한약으로 인한 간 손상은 7.1퍼센트였습니다.

중국에서 조사한 결과도 크게 다르지 않습니다. 중의약북경연구소에 따르면 중국 13개 성 16개 대형 병원을 대상으로 2000~2005년 동안 약물로 인한 급성 간 손상 1142건의 원인을 분석한 결과, 항결핵제·항생제·갑상선약 등의 화학 약으로 인한 것이 600건, 기타 약물로 인한 것이 300건이었고, 한약 혹은 민간요법으로 인한 경우는 242건이었습니다.

이처럼 한약은 다른 약에 비해 간 손상률이 낮습니다. 그렇더라도 앞서 말씀드린 것처럼 약이란 건 간에 많든 적든 부담을 주니 개인의 증상과 체질에 따라 꼭 필요할 때만 복용해야겠죠. 복용할 때는 좀 더 자신의 건강 상태를 신중히 살피는 자세가 필요하고요. 전문가의 조언을 바탕으로 나에게 적합한 약을 용법과 용량에 맞게 선택한다면, 병을 이겨 내고 건강을 유지하는 데 도움이 될 겁니다.

숨 고르기
약과 음식은 근원이 같다

"의식동원(醫食同源)" 혹은 "약식동원(藥食同源)"이라고 하죠. 글자 그대로 해석하면 "의약과 음식은 그 근원이 같다"입니다. 물론 실제로 약과 음식이 같을 수는 없겠죠. 약과 음식은 용량이나 독성, 효과 등이 다르니까요. 하지만 좀 더 깊이 보면 같은 뿌리에서 나왔다는 사실을 이해할 수 있습니다.

가난하고 못살던 시절에는 일단 살기 위해서, 배고픔을 채우기 위해서 음식을 먹습니다. 그러나 어느 정도 생존의 본능이 채워지고 나면 좀 더 기호에 맞고 내 몸에 맞는 건강한 음식을 찾게 되지요. 그런 음식은 약처럼 내 몸에 좋은 영향을 끼치게 됩니다.

건강한 음식에 대해 말할 때 흔히 우리나라 사람들은 사상체질이나 8체질(체질을 8가지로 구분해 생리, 병리 현상을 설명하고 치료하는 의학)을 근거로 듭니다. "난 소음인이니까 닭고기가 잘 맞는대", "난 토양 체질이라 돼지고기가 좋다던데", "관절 안 좋을 때는 우슬(생김새가 '소의 무릎'과 비슷해 붙여진 이름. 근육과 뼈를 튼튼하게 해 줘 무릎 관절염 등의 증상에 주로 사용되는 약재)을 차로 끓여 먹으면 좋대", "몸이 차가운 사람은 계피가 따뜻하게 해 줘서 도움이 된다던데" 등등의 이야기를 합니다.

음식으로 병을 예방한 한의학

다른 나라, 특히 서양인들이 이런 대화를 듣는다면 무슨 말인가 싶어 눈만 동그랗게 뜨고 있을지 모르겠습니다. 그들이 건강을 관리하는 방식과 많이 다르니까요. 서양인들은 차고 뜨거운 음식 고유의 성질보다는 영양분 자체를 중요시합니다. "어떤 음식은 단백질 혹은 비타민 C가 많아서 좋다" 하는 식이지요. 혈액을 분석할 때도 마찬가지예요. "이 사람은 나트륨을 너무 많이 섭취하니 앞으로 싱겁게 먹는 것이 좋다"고 진단합니다.

사실 서양의학에서는 예방의학 분야도 최근에 생겼습니다. 불과 얼마 전까지만 해도 '병은 생기고 난 후 고치는 것이지, 미리 예방할 수 있는 것이 아니다'는 생각이 강했습니다. 반면 한의학은 예방의학 이론을 바탕으로 시작되었다고 해도 과언이 아니지요. 서양의학은 이런 한의학만의 장점을 오랫동안 평가절하해 왔습니다. 예방은 의학의 영역이 아니라면서요.

하지만 평균수명이 늘어나고 중년 이후 노년의 시간이 길어지면서, 단지 오래 사는 것이 아니라 건강하게 오래 사는 것이 중요하다는 개념이 자리 잡히게 되었습니다. 그리고 이런 삶을 위해서는 병이 든 후 치료하는 것을 넘어서 미리 병에 걸리지 않게 예방하고 몸을 튼튼하게 만드는 것이 중요하다는 걸 다들 알게 되었지요.

이미 우리는 보양식을 비롯해 몸에 좋은 음식을 다양하게 먹고 있는데요. 여름에 삼계탕을 먹는 것은 이미 문화로 자리 잡혔지요. 인삼과 닭이 들어간 탕이라는 의미의 삼계탕은 여름철 기력이 떨어지기 쉬울 때 즐겨 먹는 음식입니다. 인삼은 기를 보해 주는 대표적인 약재이고 몸을 따뜻하게 해 주며, 닭 역시 따뜻한 성질의 육류예요. 더운 여름 이렇게 성질이 따뜻한 음식을 먹는 것에 대해 "열을 열로 다스린다" 하여 "이열치열(以熱治熱)"이라고도 합니다.

여름이라고 해서 아이스크림을 비롯해 찬 음식만 습관적으로 찾게 되면, 몸속이 차가워지기 쉽습니다. 그러면 소화력이 떨어지고 기운 역시 부족해지죠. 자연히 컨디션도 좋을 리 없습니다. 이럴 때 기를 보해 주는 인삼, 황기 등의 약재와 함께 속을 덥혀 주는 닭을 먹는 건 좋은 방법입니다.

아예 음식 이름에 약(藥)이라는 글자가 포함된 것도 있죠. 약과, 약주, 약식이 그 예입니다. '양념'의 어원도 약념(藥念)에서 왔다는 설이 있습니다. '약념'은 글자 그대로 풀이하면 '약을 생각하다'인데요, '약으로 생각하며 사용하다'로 해석하기도 합니다. 한자 약

(藥)의 또 다른 의미로는 '간을 맞추다, 조미하다'도 있습니다. 양념은 음식의 맛을 더해 주는 재료로 식욕을 돋우고 소화액 분비를 자극하죠. 특히 양념으로 많이 쓰는 파, 마늘, 후추, 고추, 생강, 계피 등은 따뜻한 성질을 가지고 있어, 사상체질에서 비위가 약하고 배가 차가워지기 쉬운 소음인에게 적절하게 쓰면 좋습니다.

약과는 '약이 되는 과자'란 뜻으로 밀가루에 꿀, 참기름 등을 넣고 튀겨 만든 고급 한과(전통과자)입니다. 주로 명절이나 제사, 잔치 때 많이 만들어 먹었지요. 약주는 '약이 되는 술'을 의미하는데, 약재가 들어가거나 약효가 있는 술입니다. 요즘에는 술을 높여 부르는 말로도 쓰입니다.

약밥에 그 약재들이 들어가는 이유

약식은 약밥, 약반 등 다양한 이름으로 불립니다. 찹쌀에 밤, 대추, 잣 등을 넣고 꿀, 참기름, 간장으로 맛을 낸 음식으로 떡처럼 간식으로 많이 먹습니다. 찹쌀은 멥쌀보다 소화가 잘되는 장점이 있어 병을 앓고 난 후 허약한 사람의 회복에 좋습니다. 건율, 율자로 불리는 밤은 비위를 튼튼하게 하고 신장의 정을 보해 줌으로써 허리와 무릎이 약하고 시큰거리며 아플 때 효과가 있습니다. 아이들의 보약에도 쓰입니다.

꿀은 기운을 북돋는 효과가 있어 허약한 사람들에게는 보약으로 쓰일 수 있어요. 특히 비위와 폐의 기를 보해 줘 복통과 기침을 멎게 합니다. 건조한 것을 윤택하게 해 주기 때문에 오래된 기침 치료에 효과적이고, 대장의 진액이 줄어 대변이 굳어진 변비에도 도움이 됩니다. 이 밖에도 항균, 상처를 빨리 아물게 하는 효능이 있어 입이 헐었을 때나 화상, 피부염이 있을 때 바르기도 합니다.

잣은 한약재로 사용될 때 해송자라고 부르는데, 진액을 보태 줘피부에 윤기가 흐르게 하고 폐를 촉촉하게 적셔 주며, 장을 윤활하게 해서 대변을 잘 보도록 해 줍니다. 마른기침을 하는 사람에게 좋고, 올레인산·리놀렌산 등 불포화지방산과 단백질 함량이 높아 자양강장에도 좋습니다. 허약하고 여위어 기운이 없는 사람에게 좋죠. 이 밖에 어지럼증과 뼈마디가 쑤시고 아픈 증상에도 활용할 수 있습니다.

대추는 대부분의 한약, 특히 끓여 먹는 탕약에 많이 들어가는 재료입니다. 많은 한약에 생강 3쪽과 대추 2개(1첩 기준. 보통 하루에 2첩을 달여 2~3번 나누어 먹는다)를 넣어 이를 '강삼조이'라고 하는데요. 생강과 대추 모두 몸을 따뜻하게 하고 소화에 좋으며, 여러 약재를 조화롭게 하는 작용을 합니다. 대추는 비장의 기운이 허해서 설사를 하거나 복통이 생길 때, 입이 마를 때도 좋습니다. 가슴이 두근거리거나 잘 놀랄 때, 히스테리 증상에도 도움이 됩니다.

이렇게 약식은 '약이 되는 밥, 약이 되는 음식'이라는 뜻에 걸맞은 이름값을 합니다.

나쁜 음식이라도 피할 것

음식을 볼 때마다 몸에 좋은 것인지 아닌지 일일이 따져 먹는 것은 귀찮을 수 있습니다. 맛좋고 기분 좋게 먹으면 그게 바로 보약일 수도 있죠. 아이들에게도 균형 잡힌 식사, 편식하지 않는 것이 가장 좋다고 합니다.

사실 건강하다면 좋은 음식을 찾아 먹기보다 골고루 다양한 음식을 섭취하길 권합니다. 예를 들어 라면을 좋아한다고 해서 매일 라면만 먹는다면 몸에 좋을 리가 없겠죠. 질병이 없고 건강한 사람들은 몸에 안 좋다고 하는 음식이라도 너무 자주, 많이만 먹지 않는다면 크게 문제되지 않습니다. 워낙 바쁘게 사는 세상이다 보니, 좋은 음식을 챙겨 먹는 건 고사하고 나쁜 음식을 피하느라 신경 쓰는 것만도 쉽지 않지요. 유통 기한을 늘리려고, 맛있게 보이려고 인공 감미료, 착색제, 표백제, 방부제 등으로 범벅된 음식들 말입니다. 그렇기 때문에 영양분을 균형 있게 섭취하기 위해서뿐만 아니라 나쁜 음식에 반복적으로 노출되지 않기 위해서라도 다양한 음식을 먹는 것이 좋습니다.

하지만 특정 질환이 있거나 체력이 너무 약한 사람들은 이것만으로는 부족합니다. 몸이 약해지면 예민해지기 쉽고, 내 체질과 몸 상태에 안 맞는 음식을 먹으면 몸이 먼저 반응을 보일 때도 많습니다. 장이 안 좋은 사람에게 맵거나 찬 음식은 자극을 주고, 위염이 있을 때는 평소에 내가 아무리 좋아하고 즐겨 마시던 커피라도 속이 쓰리고 신물이 올라오게 합니다. 이럴 때는 증상이 나아질 때까지라도 음식을 가리고, 좀 더 나의 몸이 원하는 좋은 음식을 찾아 먹으려는 노력을 해야 합니다.

어떤 질환에 걸렸는데 초기 단계가 아니라 어느 정도 진행된 상태라면 음식으로만 치료할 수는 없습니다. 약이 필요하죠. 하지만 치료해서 낫더라도 또 재발하기 쉬운 것은 대부분의 사람이, 특히 성인의 경우 생활습관을 고치기 어렵기 때문입니다. 여기에는 식습관도 포함됩니다. 대부분 좋아하는 음식, 즐겨 먹는 음식이 거의 정해져 있습니다. 하지만 좀 더 내 몸에 관심을 기울일 필요가 있습니다. 어떤 음식을 먹었을 때 속이 편안했는지, 부담이 없었는지, 컨디션이 좋았는지 등을 살펴보세요.

다른 사람에게 좋은 음식이라도 나에게는 안 좋을 수 있습니다. 한의사 등 전문가의 의견과 함께 실제 내 상태와 반응이 어떤지 꼼꼼히 기록해 둔다면 건강을 지키는 데 큰 도움이 될 겁니다. 약만큼의 즉각적인 효과는 보이지 않더라도, 하루에 세 번씩 먹는 음식이 건강한 것이라면 멀리 내다보았을 때 이것이 약보다 내 몸에 더 좋은 영향을 끼칠 겁니다.

약재:
식품용 vs. 의약품용

'made in china'가 언젠가부터 싸구려, 질이 떨어지는 것의 대명사처럼 인식되고 있습니다. 그것이 식품이나 약재일 경우에는 더욱 찜찜한 기분을 떨쳐 버릴 수 없는데요. 하지만 중국산 약재라고 해서 무조건 중금속, 농약 함량이 높거나 질이 떨어지는 것은 아닙니다. 한의원에서는 국산과 수입산 모두 GMP 기준을 통과한 약재만을 사용하기 때문입니다. GMP는 의약품 등의 제조와 품질 관리에 관한 규칙으로, 안전하고 질 좋은 의약품을 공급하기 위해 세계보건기구(WHO)에서 제정한 것을 바탕으로 하는 제도입니다. 즉, 안전의 기준이 중국산인지 국산인지 등 약재의 원산지로 정해지지는 않습니다.

국산이 언제나 최고는 아니다

구체적인 한약재들을 예로 들어 살펴보겠습니다.

지방간, 만성간염, 간경변증, 백내장, 시력 감퇴 등에 효과가 있고 강장제로 널리 알려진 구기자의 경우, 국산이 중국산에 비해 비싸고 품질도 좋은 편입니다. 우리나라에서는 충남 청양이 주산지이고, 중국에서는 닝샤[寧夏]의 구기자가 유명해요.

진통, 소염 작용이 뛰어나 감기, 신경통, 관절염에 많이 쓰이는 강활은 중국산이 오히려 비쌉니다. 우리나라 것과 기원 식물이 달라 학명도 다른데요, 국산 강활은 단맛이 있는 반면, 중국 강활은 맵고 쓴맛이 더 강합니다. 매운맛은 일반적으로 따뜻한 성질을 가집니다. 중국산 강활의 매운맛은 찬 기운 탓에 걸린 감기의 치료에 더욱 효과가 좋죠. 쓴맛은 습(濕)을 빼 주는 작용을 합니다. 비가 오면 온몸이 쑤시고 아픈 것 역시 몸에 불필요한 습기가 많기 때문인데요. 하지만 중국산은 효과가 강한 만큼, 독성도 있어 적정량을 사용하는 것이 중요합니다.

'약방의 감초'라는 말처럼 한의원에서 자주 쓰는 감초는 국산이

거의 없습니다. 그래서 우리나라보다 고위도에 있는 중국의 네이멍구(내몽고) 자치구를 비롯해 우즈베키스탄, 카자흐스탄, 키르기스스탄 등에서 대부분 수입합니다. 이 지역이나 나라들은 여름, 겨울은 길고 봄, 가을은 짧습니다. 우리나라보다 겨울은 더 춥지만 땅 표면이 매우 건조해서 잘 얼지 않고, 여름 역시 덥고 건조하며 일조량이 많습니다. 감초가 자라기엔 더할 나위 없이 좋은 조건인 것이죠.

카레의 재료로 잘 알려진 강황의 원산지는 열대 아시아입니다. 강황은 어혈을 없애는 효능이 있어 어깨 통증이나 생리 불순 등에 쓰면 좋습니다. 이처럼 열대 지방에서 나는 약재도 있고 반대로 추운 지방이 원산지인 것도 있습니다. 우리나라에서 약재를 모두 다 재배할 수 없고, 우리나라에서 재배한 것이 다 효과가 뛰어난 것도 아닙니다. 그러므로 어느 지역, 나라의 약재가 더 좋은지 조사해 선택해 쓰면 될 것입니다.

한의원 약재는 안전하다

2019년 8월, 불법으로 수입해 온 불량 한약재가 적발된 사건이 있었습니다. 세관에 따르면, 이 한약재 수입 업체들은 중국 등에서 일반 한약재와 성분, 상태 등이 완전히 다른 한약재를 정상 한약재와 섞어서 수입했습니다. 중금속이 포함된 것, 효능이 부족하거나 없는 것뿐 아니라 국내로 수입할 수 없는 약재도 포함되어 있었습니다.

이런 일부 업체들 때문에 수입산, 중국산에 대한 불신이 높아지기도 하는데요. 불량 한약재가 적발되면 즉시 회수, 폐기 조치를 하고 법적 처벌을 내리는 등 한약재 유통, 관리에 좀 더 힘을 기울여야겠습니다. 식약처뿐 아니라 제약회사에서도 더욱더 철저히 약재의 품질을 관리해야 하고요. 한약재 제조업자는 GMP 기준과 〈약사법 시행규칙〉, 〈의약품 등의 안전에 관한 규칙〉에 맞게 제조된 것만 판매할 수 있는데요. 2015년부터는 의무 사항입니다.

중국산 등 수입 한약재를 꺼리는 가장 큰 이유는 중금속, 농약이 많이 함유되어 있지 않을까 해서인데요. 수입 한약재는 식약처의 규정에 따라 관능검사, 정밀검사, 위해물질검사를 받아야 합니다. 관능검사란 기원, 성상(형태·색깔·맛·냄새), 건조 상태, 포장 상태 등을 종합해 판단하는 검사예요.

얼마 전 한국의약품시험연구원에서도 한의원에서 처방한 한약이 안전한지 검사를 실시한 바 있습니다. 중금속(납, 비소, 카드뮴, 수은)과 잔류 농약, 이산화황, 곰팡이 독소, 벤조피렌(발암 물질의 일종) 등 몸에 해로운 물질이 들어 있는지 조사한 것인데, 대부분 검출되지 않았거나 식약처 허용 기준의 1/10~1/200에 못 미치는 정도였습니다. 이는 일반식품과 비교했을 때에도 현저히 낮은 양입니다. 즉 GMP 기준에 따라 수입한 한약재로 지은 한약을 복용할 때는 안심해도 됩니다. 평소 우리가 밥을 먹고 음식을 섭취할 때 중금속이나 농약 함유 여부를 크게 신경 쓰지 않는 것처럼, 한약 먹을 때에도 걱정할 필요가 없습니다.

삼계탕 약재는 일반식품

물론 이것은 의약품으로서 한약재를 말씀드리는 겁니다. 일반식품으로 시중에서 구입할 수 있는 한약재는 GMP 기준을 거칠 의무가 없습니다. 예를 들어 가까운 마트에서 구기자를 살 수 있었다면 그 구기자는 의약품으로서 한약재가 아니라 일반식품으로 취급된 것이죠. 국산이더라도 마찬가지입니다. 요즘은 삼계탕에 넣는 약재도 인터넷 쇼핑몰에서 쉽게 살 수 있는데요, 이때의 한약재들 역시 일반식품으로 유통된 겁니다. 안전하다고 안심할 수는 없는 거지요. 식품용 한약재는 의약품용 한약재에 비해 복잡하고 까다로운 검사를 거치지 않고, 유통되고 판매되니까요. 건강기능식품으로 많이 애용하는 홍삼도 그중 하나고요. 반면 한의원에서는 의약품용 한약재만을 쓰니 걱정하지 않아도 됩니다. 만약 한의원에서 이를 어겼을 때에는 면허 정지, 벌금 등의 처벌을 받습니다.

백세시대입니다. 건강에 대한 관심이 점점 더 높아져 TV나 인터넷 등 다양한 매체에서 건강 정보가 넘쳐 나고 있죠. 그중에는 내가 혹은 가족이 어디가 아팠을 때 어떤 약재를 먹었더니 나았다는 얘기도 있을 겁니다. 그런 정보를 접할 때마다 나도 한번 구입해서 먹어 볼까 하고 마음이 흔들릴 텐데요. 하지만 식품용 한약재는 의료용 한약재만큼 통과 기준이 높지 않다는 사실을 기억해 둘 필요가 있습니다. 특히, 너무 오랫동안 한 가지 약재를 먹으면 부작용이 생길 우려가 있으니 조심해야 합니다.

셀프 처방: 보약이 아니라
독약이 될 수 있다

몇 번 침 치료를 받은 환자분인데, 어느 날은 비염 약을 지어 달라고 하시더군요. 80대이고 체력이 약한 데다 중풍 전조증이 있어서 침도 몸에 부담이 되지 않도록 부드럽게 놓던 분이었습니다. 중풍에 걸릴 위험이 있다고 여러 번 알려 드렸지만 자신은 그럴 리가 없다고 단언하면서 지금 비염이 가장 불편하니 그 치료약만 지어 주면 된다고 하셨습니다. 안타까웠지요. 더욱 안타까웠던 건 지금 집에서 인삼, 당귀, 산수유 등 몸에 좋은 약재를 달여 먹고 있으니 그 약재는 빼 달라는 겁니다.

이런 경우가 가끔 있습니다. 홍삼이나 녹용을 보약으로 먹고 있으니 그건 빼고 아픈 부위만 나을 수 있게 약을 지어 달라는 것이죠. 거꾸로 비염이나 무릎 관절염에 좋은 약재는 이미 먹고 있으니, 보약만 필요하다고 말씀하시는 분들도 있고요.

임금 약에 따라 효능도 다르다

그렇다면, 이 환자분처럼 내 몸에 좋은 약재만 쏙쏙 골라 그것을 다 합쳐서 먹으면 건강해질까요? 영양학적인 측면에서 본다면 그럴 듯해 보입니다. 보통 건강기능식품을 그런 식으로 먹습니다. 장이 안 좋으니까 유산균, 혈관 건강을 위해 오메가 3, 피곤하니까 비타민을 먹는 식이죠. 이렇게 조금씩 종류를 늘려 가다 보면 나중에는 약이 한 주먹이나 되는 경우도 있습니다.

하지만 한약은 처방의 구성과 의미가 조금 달라요. 예를 들어, 대표적인 한방 소화제인 평위산과 음주로 상한 속을 다스리는 대금음자는 같은 약재로 구성된 다른 처방입니다. 둘 다 창출, 진피, 후박, 감초 네 종류의 약재로 이루어져 있지만, 평위산은 창출 8그램, 진피 5.6그램, 후박 4그램, 감초 2.4그램인 반면, 대금음자는 진피 12그램, 후박·창출·감초 각 2.8그램입니다.

두 처방의 차이를 과학적으로 분석한 논문도 있습니다. 〈헤스페리딘(hesperidin) 대사에 의한 대금음자와 평위산의 처방 해석〉이 그 것인데요, 이 논문에서는 약재 중 진피의 주성분인 헤스페리딘(감귤, 오렌지, 레몬 등 감귤류 과일에 많이 들어 있는 플라보노이드의 하나)에 초점을 맞추었습니다. 진피의 헤스페리딘이 장내 세균에 의해 헤스페레틴(hesperetin)으로 전환돼 약효를 나타내는데요, 헤스페레틴은 항산화·항염증 등에 효과가 있습니다. 이때 장내에서 헤스페레틴으로 전환되는 비율이 평위산이 대금음자보다 3배나 높습니다. 이 때문에 평위산이 위궤양 같은 염증에 효과가 더 있는 겁니다. 한편, 대금음자는 단백질 분해 효소인 트립신의 활동을 방해하는 효과가 뛰어나, 술 때문에 속이 손상되었을 때 위나 십이지장이 다치는 걸 막아 줍니다. 단백질 분해 효소가 분비되거나 활성화되면 술로 인해 이미 손상된 소화기관이 더욱 다칠 수 있거든요. 위나 십이지장 같은 장기 역시 단백질로 구성되어 있기 때문이지요. 반면 체했을 때는 트립신이 활성화되는 것이 좋습니다. 음식물에 포함된 단백질 소화를 도우니까요. 이때는 평위산이 대금음자보다 효과적입니다.

한의학적으로 보았을 때 두 처방의 효능이 다른 이유는 군(君)약이 달라서입니다. 물론 각 처방을 구성하는 약재들의 무게도 다르지만, 그보다 더 중요한 건 가장 많이 들어간 약, 즉 군약이 무엇인가입니다. 군약에서 군은 임금 '군(君)' 자로, 처방의 핵심이 되는 약재를 뜻합니다. 평위산에서는 창출이, 대금음자에서는 진피가 군약입니다.

한의학에서는 약의 처방을 구성할 때 '군신좌사'라는 체계를 씁니다. 정치제도에 견주어 약을 처방한 데서 비롯된 말이지요. 처방 중에서 군(君)은 병의 원인과 대표적인 증상을 치료하는 약이고, 신(臣)은 마치 임금 옆의 신하처럼 군약을 보조하면서 치료 작용을 높이는 약입니다. 좌(佐)는 군약에 협조하면서 주된 증상 외의 다른 증상을 치료하거나 군약의 독성을 완화·억제해 치료를 돕는 약이고, 사(使)는 각 약물이 아픈 부위로 도달할 수 있게 이끌거나 여러 약물의 작용을 조화시키는 약이죠.

평위산의 경우 군약은 창출입니다. 창출은 위장의 소화 기능을 높이는 효능이 뛰어납니다. 위는 원래 습기가 많은 것을 싫어하는데, 과식 등으로 인해 습이 지나치게 쌓이면 소화가 잘 안 됩니다. 이 때문에 헛배가 부르거나 갑갑하고 심하면 구토가 나거나 배가 아플 수도 있는데, 이때 창출이 효과적입니다.

대금음자의 군약은 진피입니다. 진피는 뭉친 기를 풀어 줘 순조롭게 순환하도록 합니다. 담도 풀어 줍니다. 술자리에서 자꾸 가래를 뱉는 사람들을 보신 적이 있을 겁니다. 이런 가래도 담의 일종이지요. 담이란 진액(땀, 콧물·눈물, 침 등 인체 안에 있는 수분)의 찌꺼기, 노폐물이라 할 수 있는데요, 기혈의 순환이 정상적으로 이루어지지 않아서 진액이 일정 부위에 몰려 걸쭉하고 탁하게 된 것을 말합니다. 이러한 담을 풀어 주면, 지방간을 예방하고 치료하는 데에도 도움이 됩니다. 그 외에도 진피는 담즙의 분비를 촉진합니다.

이처럼 똑같은 약재로 구성된 처방이라도 군약과 각 약재의 양에 따라 그 효과가 달라집니다.

한약 먹을 때 녹두를 먹지 말아야 하는 이유

보통 한약 처방은 한 가지 약재로만 이루어지는 경우는 별로 없습니다. 보통 두 종류 이상을 배합하는데 약재들은 서로의 약효를 높이고 독성과 부작용을 없애 줍니다. 인삼과 감초, 황백과 지모가 대표적인 예지요.

황백은 황벽나무의 껍질인데 이질, 설사, 음부 가려움증, 습진 등에 쓰이는 약재로 열을 내리고 습을 없애 주는 효능이 있습니다. 지모는 열을 내리고 진액을 생성시켜, 갈증이 나고 가슴이 답답하며 기침이 날 때 쓸 수 있습니다.

황백과 지모는 함께 사용하는 경우가 많은데, 대표적인 처방이 지백지황환입니다. 지백의 '지'는 지모를, 백은 '황백'을 뜻해요. 두 가지 약재가 합쳐지면, 진액이 부족해 화열이 치솟는 병증 치료에 효과적입니다. 잘 때 식은땀을 흘리거나 뼈가 쑤시면서 오후만 되면 열이 나는 증상을 치료합니다.

반하와 생강을 같이 쓰면 생강이 반하의 독성을 제약합니다. 그래서 반하를 법제(한약의 독성과 자극성을 없애고 안전하게 쓰기 위해서 혹은 치료 효능을 높이거나 약효를 변화시키기 위해 처리하는 과정)할 때 생강을 이용하기도 해요.

그런데 독이란 몸에 나쁜 것이니까 무조건 줄이고, 해독하는 것이 항상 몸에 이로운 것일까요? 그렇지는 않습니다. 예를 들어, 한약을 복용할 때 녹두를 먹지 말라는 말을 들은 적이 있을 겁니다. 녹두가 해열, 해독 작용에 뛰어나기 때문인데요. 한약과 이런 녹두의 효능이 무슨 관계가 있는지 지금부터 살펴보겠습니다.

약이 음식과 다른 점이 있다면 약은 성질이 한쪽으로 기울어져 있다는 것이죠. 이를 한의학에서는 기미가 치우쳤다고 합니다. 기미(氣味)란 한자 그대로 풀이하면 '기운과 맛'인데요, '기'는 차가움, 서늘함, 따뜻함, 뜨거움 등의 성질을 의미합니다. '미'에는 신맛, 쓴맛, 단맛, 매운맛, 짠맛이 있죠. 이 두 가지가 합쳐진 '기미'는 곧 약의 효능과 연결됩니다. 신맛은 단순히 유기산 즉 산성이라는 것 외에, 흩어진 기운을 모아 주는 작용을 합니다. 레몬을 먹었을 때 절로 얼굴을 찡그리게 되는 것을 생각하면 이해가 쉬울 거예요. 반대로 매운맛을 먹으면, 뭉친 기운이 흩어져 기 순환이 빨라지죠.

가장 친숙한 약재인 인삼을 예로 들어 볼까요. 인삼의 '기'는 '미온' 즉, 약간 따뜻한 성질이고 '미'는 단맛과 쓴맛을 함께 가지고 있습니다. 여러 체질 중에서도 몸이 차고 뱃속이 냉한 소음인에게 좀 더 좋은 약이죠. 반면 우리가 주식으로 먹는 쌀(갱미)의 '미'는 달고, '기'는 평합니다. 쌀의 경우 이렇게 기미가 한쪽으로 치우쳐 있지 않아서 오래 먹어도 몸에 부담이 없는 겁니다.

그럼 본론으로 돌아가 녹두 얘길 해 볼까요. 기미가 균형을 이룬 음식만 몸에 이롭고 기미가 치우친 약은 몸에 나쁜 것이 아니듯, 해독하는 성질을 지닌 음식이나 약이 항상 좋은 것은 아닙니다. 몸이 아플 때는 음식만으로 치료할 수 없어서 약을 먹는 것인데, 이렇게 한쪽으로 편중된 약의 성질을 해독시켜 무기력하게 만든다면 약효도 함께 떨어지겠죠. 그래서 한약을 먹고 있을 때는 되도록 녹두를 많이 먹지 말라고 하는 겁니다. 기껏 먹은 약의 효과가 떨어질 수 있으니까요. 녹두는 성질이 차서 열을 풀어 주는 만큼, 평상시 몸이 차서 성질이 따뜻한 약을 먹는 사람에게는 더욱 약의 효과가 떨어지게 합니다.

이처럼 각 약재의 성질을 잘 모른 채 덮어놓고 약효가 좋다고 함께 먹는다면 많은 종류의 약재를 먹고도 효과가 없을 수도 있겠죠. 효과가 없는 것은 그나마 다행입니다. 자칫 잘못돼 독성이 극대화되면 큰일이지요.

한의학에서는 이렇게 여러 가지를 고려해서 처방하기 때문에 그 처방 원리가 미묘합니다. 약재 하나하나의 효능도 중요하지만, 여러 약재를 함께 복용했을 때의 장단점까지 생각해야 하니까요. 몸이 약하거나 아픈 사람에겐 더욱 신중히 접근하는 이유입니다.

한약이 비싸 복용을 망설이는 분들이 종종 있습니다. 그런데 요즘은 한약 형태도, 가격도 다양해졌습니다. 이전에는 주로 탕제 형태였는데 가루약(산제)과 알약(환제) 등도 있으니까요.

보통 한약 가격은 녹용이 들어가는지 아닌지에 따라 차이가 납니다. 약 먹는 기간이 열흘인지 보름인지 혹은 한 달인지 등 기간에 따라서도 달라지고요. 약재 원산지에 따라서도 가격이 달라집니다. 구기자는 국산이 중국산보다 비싸고, 감초는 중국산이 우즈베키스탄보다 비쌉니다. 또 똑같은 약재라도 어떤 처리를 했느냐에 따라 가격이 달라집니다. 껍질을 벗겼는지 아닌지, 볶았는지 생것 그대로인지, 몇 번 찌고 말리는 과정을 거쳤는지 등 처리법이 다양합니다. 이처럼 한약 가격을 결정하는 요인은 여러 가지입니다.

침만 맞아도 치료할 수 있는 질환이 있는가 하면, 한약을 같이 복용해야 효과적인 경우도 있습니다. 한약 값이 부담스러워 복용을 망설이는 분들이 있다면 건강보험이 적용되는 한약들을 알아보시길 권합니다.

다양해진 보험 한약

보험 한약은 병원에서 양약을 처방받는 것과 비슷하다고 생각하시면 되는데요. 보통 한의원에서는 하루나 이삼 일 분량을 처방해 줍니다. 보험 한약은 한방 전문 제약회사에서 제조합니다. 대량 생산이다 보니 약은 일반적으로 많이 쓰이는 처방으로 구성되어 있습니다. 대부분의 경우 양약처럼 하루에 세 번 복용합니다. 하루치 가격은 1000원 내외입니다. 물론 한약 종류에 따라 가격이 조금씩 다르고요. 맞춤 한약은 대부분 파우치에 담긴 탕약(물약) 형태인데, 한 파우치에 약 120밀리리터가 담겨 있습니다. 아이들이나 소화가 잘 안 되는 노약자에게는 80밀리리터 정도로 양을 줄이죠. 이에 비해 보험 한약은 약에 따라 다르긴 하지만 보통 5그램을 넘지 않습니다.

얼마 전까지만 해도 보험 한약은 주로 가루약 형태였는데 요즘은 짜 먹는 연조제 형태도 있어 먹기가 더 수월해졌습니다. 약 종류도 꽤 많아졌고요. 소화제, 감기약 외에도 몸을 보해 주는 팔물탕, 자음강화탕 등 다양한 효능과 효과가 있는 약들이 있습니다.

보험 한약은 가격이 싸고 효과도 좋은 편이라서 만족해하시는 분이 많죠. 하지만 질환이 오래되었거나 체력이 많이 떨어져 있는 경우에는 별다른 효과를 느끼지 못하기도 합니다. 이럴 때는 좀 더 자신의 증상에 맞는 약을 맞춰 복용하는 것이 좋습니다.

사상의학: 몸을 넘어 마음의 병까지 들여다본 선구적 의학

체질은 '날 때부터 지니고 있는 몸의 생리적 성질이나 건강상의 특질'입니다. "나는 인삼이 맞는 체질이다", "난 물만 먹어도 살이 찌는 체질이다", "내 체질은 부모님을 닮아서 튼튼하다"처럼 일상생활에서 체질이라는 말을 자주 쓰는데요.

"저는 사상체질이 뭔가요?"

"저, 소음인인가요?"

저도 한의원에서 이런 질문을 자주 받습니다.

사상체질의학은 조선 후기 한의학자 이제마(1838~1900년)가 창시했습니다. 사람의 체질을 네 가지로 구분했는데 태양인, 태음인, 소양인, 소음인이 그것입니다. 요즘은 사상체질이 건강 분야뿐 아니라 인간관계나 아이들 공부법까지 다양한 방면에서 활용되고 있지요.

이제마가 사상체질 이론을 만든 건 자신의 병 때문이라고 합니다. 이제마의 호가 '동무(東武)'인데요, '동쪽 나라의 무인'이라는 뜻입니다. 호에서도 짐작되듯이 이제마는 평생 무인의 길을 걸었습니다. 그런 그가 왜 의학을 공부하고 새로운 의학 이론까지 만들게 되었을까요? 그는 평생 구토증, 신경염 등 수많은 병에 시달렸다고 합니다. 그런데 기존의 치료법으로는 몸이 낫질 않는 겁니다. 그래서 스스로 방법을 찾아 나섰던 것이죠. 그는 태양인 체질이고 태양인은 우리나라에서 극히 드물어 이전의 치료법이 효과가 없었던 겁니다.

약하고 자주 아픈 곳을 보면 내 체질이 보인다

보통 얼굴 생김새나 체형으로 사상체질을 판단하는데 목소리, 성격 등 다양한 측면을 종합적으로 살펴보아야 정확히 알 수 있습니다. 질병을 통해서도 알 수 있고요. 즉 내 몸에서 약한 부위, 자주 아픈 곳을 유심히 살펴보면 좋습니다.

예를 들어, 감기에 걸렸을 때 체질마다 나타나는 증상이 조금씩 다릅니다. 소음인은 평소에 소화가 잘 안 되고 손발이 찬 편입니다.

감기에 걸렸을 때도 열이 심하게 나지 않고, 밥맛이 없어 식사를 챙겨 먹으려 하지도 않죠. 이럴 때는 소화가 잘되는 죽이나 찹쌀밥을 먹는 것이 좋습니다. 현미나 잡곡밥보다는 하얀 쌀밥이 소화가 더 잘되기 때문에 조금 질게 해서 먹는 것이 도움이 됩니다. 계피나 생강, 대추차도 속을 따뜻하게 해 주니 으슬으슬 오한이 들 때 마시면 좋고, 파뿌리(총백)를 끓여 먹는 것도 좋습니다. 냉기를 몰아내거든요.

소양인은 하체에 비해 상체가 발달한 체질입니다. 감기에 걸리면 상체에 열이 몰려 두통으로 고생합니다. 이외에도 인후염이나 편도선염, 중이염 등 머리나 얼굴 쪽에서 염증이 생기기 쉽고요. 따뜻한 성질의 생강, 대추차보다는 열을 내려 주는 찬 성질의 보리차나 녹차를 수시로 마셔 주는 것이 좋습니다.

태음인은 폐 기능이 약해서 호흡기계 질환에 잘 걸리는 편입니다. 그래서 감기에 걸리기 쉬워요. 기침을 많이 하고 가래도 잘 생기죠. 찜질방이나 사우나에서 땀을 빼고 나면 개운해진다는 사람들 중에 태음인이 많습니다. 기관지에 좋은 도라지(길경)나 배가 태음인에게 잘 맞는 음식입니다. 몸이 쑤시는 몸살감기가 같이 왔을 때는 칡이나 율무를 차로 마시는 것도 좋습니다. 태음인은 감기에 걸려도 식욕이 크게 떨어지진 않아서 밥을 못 먹지는 않습니다. 비교적 음식을 가리지 않고 잘 먹는 편이죠. 잘 챙겨 먹고 땀이 나게 하여 몸이 가벼워지면, 감기를 잘 이겨 낼 수 있습니다.

태양인은 한국인에서는 가장 드문 체질로, 척추가 아프기 쉽습니다. 허리와 하체가 약한 편이고, 감기 몸살에 걸렸을 때도 허리 아래 하체 쪽이 쑤시고 아플 때가 많죠. 이럴 때는 오가피나 모과차를 마시면 좋습니다.

감기는 바이러스성 질환이고, 바이러스의 종류는 200가지가 넘습니다. 그래서 내가 감염된 바이러스의 종류에 따라 증상이 달라질 수 있어요. 그렇지만 사람마다, 체질마다 약한 부분이 있겠죠. 감기에 걸렸을 때뿐 아니라 몸이 약해지거나 아플 때는 평소에 약했던 부분에 문제가 생기기 쉽습니다. 평생 한 사람이 걸리는 감기의 횟수는 약 200번이라고 해요. 감기라는 비교적 흔한 질환을 통해서도 나의 체질을 알 수 있고 병을 대비할 수도 있습니다.

한국엔 태음인이 가장 많다

이제마가 사상체질의학을 창시할 당시, 우리나라에서 태음인은 50퍼센트, 소양인은 30퍼센트, 소음인은 20퍼센트 정도였습니다. 태양인은 0.1퍼센트로 극소수였죠. 그런데 100년이 지난 2000년대에 들어서서는 태음인의 비율은 줄어든 반면, 소음인과 태양인은 늘어났습니다. 하지만 여전히 순서는 바뀌지 않아 태음인이 가장 많고, 소양인이 그다음이고, 소음인은 그보다 적습니다.

태음인 모습과 태음인에게 이로운 음식들.
태음인은 호흡기 계통이 약하므로 폐를 보해 주는 음식이 좋다.
소고기를 비롯한 고단백 음식과 우유, 무, 율무, 견과류, 살구, 배 등이다.

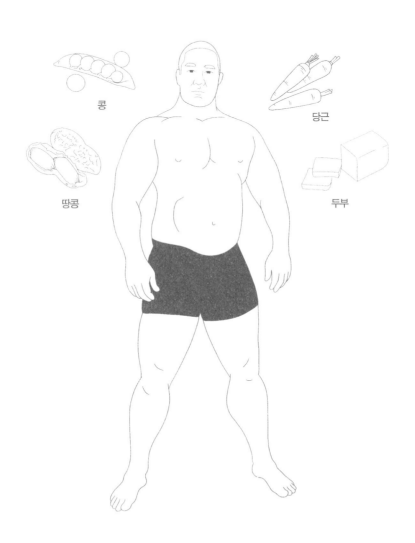

콩

당근

땅콩

두부

소양인과 소양인에게 이로운 음식들.
소양인은 소화기가 튼튼하고 열이 많아 결명자, 녹두 등
서늘한 성질의 음식이 좋다.

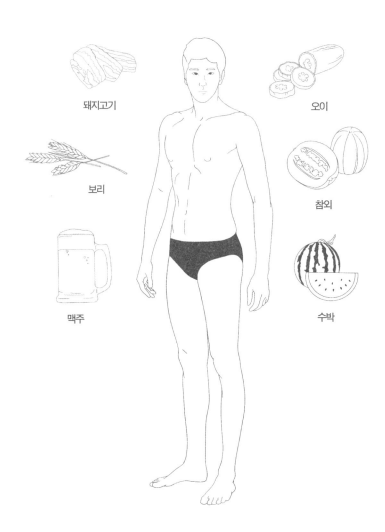

돼지고기

오이

보리

참외

맥주

수박

소음인과 소음인에게 이로운 음식들.
소음인은 속이 차고 비위 기능이 약해 부추, 쑥 등 따뜻한 성질의
음식과 식욕을 자극하는 양념이 적당히 되어 있는 음식이 좋다.

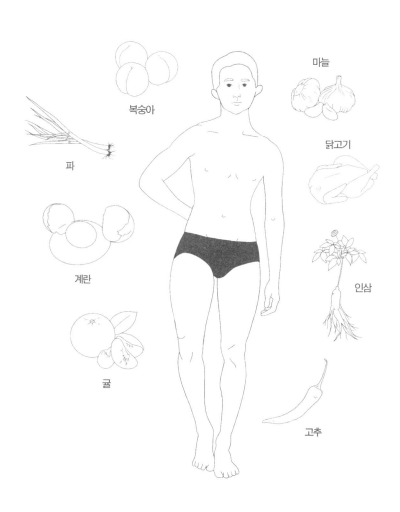

마늘

복숭아

닭고기

파

계란

인삼

귤

고추

태양인과 태양인에게 이로운 음식들.
태양인은 간 기능이 약해 담백한 해산물, 야채,
모과, 키위(다래) 등이 좋다.

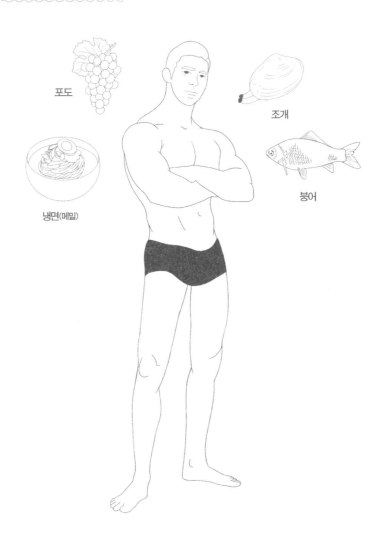

포도

조개

냉면(메밀)

붕어

먼저 사상체질의 외형적인 특성을 알아보겠습니다.

태음인은 눈, 코, 입이 큼직큼직하고 얼굴과 체격이 큽니다. 상체에 비해 하체가 충실한 체형으로 허리나 배가 발달했죠. 그에 비해 목덜미는 가는 편입니다.

소양인은 상체가 충실해 가슴이 발달했습니다. 이마와 뒤통수가 튀어나와 머리가 앞뒤로 긴 편이에요. 눈매가 약간 올라가 매서운 느낌을 주고, 입술이 얇으며 턱도 뾰족하죠.

소음인은 이목구비가 작아 오밀조밀한 느낌을 주고, 하체가 발달해 아랫배가 나오고 엉덩이가 큰 편입니다.

태양인은 머리가 크고 목덜미가 발달했습니다. 그에 비해 하체는 약해서 오래 걷는 것을 힘들어해요.

동물로 비유하면 태양인은 카리스마 있는 용이나 호랑이, 태음인은 점잖은 소, 소양인은 날렵한 말, 소음인은 온순한 나귀나 사슴을 연상시킵니다.

그럼, 이제 각 체질의 차이점을 살펴볼까요.

음인(태음인, 소음인)은 상체보다는 하체가 발달했고, 양인(태양인, 소양인)은 하체보다 상체가 발달했습니다. 소음인은 땀을 잘 흘리지 않는 반면, 태음인은 땀이 많은 편이죠. 땀을 내면 기분이 좋고 몸이 가벼워지는 사람은 태음인, 오히려 기운이 빠지고 힘든 사람은 소음인입니다. 음식도 태음인은 얼큰한 국물이 있는 것을 좋아하고, 이러한 음식을 먹으면서 땀을 흘리면 상쾌해합니다. 몸이 찬 편이라 항상 따뜻한 차나 음식을 찾는 사람은 소음인이고, 소양인은 반대로 뜨거운 음식을 싫어하고 차가운 것을 선호하죠.

체질별 건강 관리법

마지막으로 가장 중요한 체질별 건강 관리법입니다.

태음인은 스펀지처럼 잘 빨아들이는 체질이라 소화 흡수가 잘됩니다. 과식이나 폭식하는 것을 피하고 규칙적인 식사를 하는 것이 좋아요. 반면 순환 기능은 떨어지므로 살이 찌기 쉽고, 고혈압·중풍 같은 질환에 걸릴 위험이 큽니다. 기본 체력이 좋은 편이니 어느 정도 땀을 낼 수 있는 강도 높은 유산소 운동이 도움이 되죠.

소양인은 하체가 약해 요통·신장염·방광염 등에 걸리기 쉽고, 변비나 설사 없이 대변이 잘 나오면 건강하다고 볼 수 있습니다. 몸에 열이 많고 감정 기복이 심한 편이라 안구건조증, 불면증, 역류성 식도염 같은 질환에 걸릴 가능성이 높아요. 인삼, 홍삼 등 열이 있는 건강기능식품을 장기간 복용하면 부작용이 생길 위험이 있으니 조심해야 합니다. 평소에 하체를 단련할 수 있는 운동을 하면 좋겠죠.

소음인은 소화 불량, 복통을 자주 호소하고, 몸이 차거나 허약해지기 쉽습니다. 소화 흡수 기능이 약하니, 차거나 기름진 음식이나 날것은 피하는 것이 좋습니다. 체력이 약한 편이어서 가벼운 운동을 하는 것이 도움이 됩니다.

태양인은 위쪽으로 기운이 몰려 있어, 평소에 가슴이 답답하고 구역감이 들며 잘 토합니다. 그렇기 때문에 상대적으로 약한 아래쪽의 순환이 잘될 때 건강하다고 판단할 수 있으며, 그 기준은 소변이 시원하게 잘 나오는 겁니다. 위로 올라가는 기운을 아래로 내리는 요가나 단전 호흡이 좋습니다.

육체와 정신의 관계까지 본 사상의학

한편에선 사상체질 이론에 대해 비판하는 목소리도 있습니다. 사람이 얼마나 다양하고 개성과 특징이 다른데, 겨우 네 가지로 사람을 나누는 게 말이 되느냐는 거지요. 하지만 혈액형도 ABO식으로 구분하자면 A형, B형, O형, AB형 네 가지뿐입니다. 물론 이를 다시 Rh 항원의 유무에 따라 Rh+와 Rh-로 세분하지만요.

사상체질도 마찬가지입니다. 똑같은 소음인이라도, 누가 봐도 소음인의 특성을 가진 사람이 있는가 하면 소음인인지 소양인인지 애매한 사람도 있습니다. 이런 현상은 부모의 체질, 평상시 건강 관리와도 관련이 있겠죠. 예를 들어, 소양인 아버지와 소음인 어머니 사이에서 태어난 자녀에게는 두 가지 체질이 섞여 있을 겁니다. 소음인으로 태어났지만, 평상시 손발과 배를 따뜻하게 하고 적당한 운동으로 혈액 순환이 잘되도록 몸을 유지했다면 다른 소음인들에 비해 손발이 차지 않고 소화 능력도 약하지 않겠죠.

사상체질 이론은 건강한 삶을 위해 생긴 겁니다. 지금 당장 아픈 곳, 겉으로 드러난 증상을 아무리 치료하려 애써도 낫지 않을 때 그 사람이 태어날 때부터 가지고 있는 성향 즉 체질을 판단하고 그에 따른 치료를 했던 것이지요.

또한 사상의학의 특징 중 하나는 사람의 마음과 체질이 깊이 관련 있다고 본다는 건데요. 즉 정신과 육체의 관계에 대해 비중 있게 다루고 있습니다. 체질마다 타고난 성격과 감수성, 욕심이 다르고 이러한 점을 스스로 인정하고 감정을 잘 다스릴 때 건강할 수 있다고 말합니다. 사람들이 자신의 체질을 알아 스스로 건강을 관리하는 방법을 알게 하는 것, 그래서 한평생 건강하게 살다 가길 바랐던 것이 이제마의 마음은 아니었을까요.

2장

여성 질환: "여성 한 명을 치료하는 것이
남성 열 명을 치료하는 것보다 어렵다"

《동의보감》은 목차 포함해서 모두 25권인데, 본 내용은 크게 5편으로 나뉩니다. <내경편>, <외형편>, <잡병편>, <탕액편>, <침구편>이지요. <내경편>은 <외형편>과 내용이 대비되는데요. <외형편>이 머리, 얼굴, 등·배, 손발, 머리카락같이 겉으로 드러난 신체의 각 부분에 대한 설명인 반면, <내경편>은 몸 안쪽에 있는 오장육부와 눈에 보이지 않는 꿈, 목소리, 언어 등을 다루기 때문이지요. <잡병편>에서는 본격적으로 구체적인 질환(구토, 부종, 황달 등)을 다루고, <탕액편>과 <침구편>은 치료법으로서 한약과 침에 대해 이야기합니다.

《동의보감》은 지금 시대의 의학과 비교해 봐도 결코 뒤처지지 않는다고 자신하는데요, <잡병편>에서 부인과 소아를 따로 구분해 다룬 점도 그 이유 중 하나입니다. 남녀 모두 걸리는 병이 있는가 하면, 성별에 따라 걸리는 질환도 있지요. 이 중 여성을 따로 떼어 놓고 다룬 것은 그만큼 여성 질환이 복잡하고 어렵기 때문입니다. 오죽하면 이런 문장이 있을 정도입니다.

"부인 한 명을 치료하는 것이 남자 열을 치료하는 것보다 어렵다."

기본적으로 여성이 남성과 다른 점을 들라면 아이를 가질 수 있다는 겁니다. 하지만 가임기 여성이라도 아이를 낳는 사람과 그렇지 않는 사람이 있습니다. 같은 여성이라도 초경을 시작하기 전과 폐경 이후가 많이 다르고요. 이렇게만 봐도 여성 질환에 대해선 다양한 접근이 필요하다는 걸 알 수 있습니다.

이번 장에서는 여성에게 특히 취약한 관절염, 산후풍, 자궁 하수 등에 대해 알아보고, 평소에 실천하면 좋을 건강 관리법도 소개하겠습니다.

관절염:
피가 문제다

한의원에는 관절염, 근육통 환자가 많이 찾아옵니다. 특히 중년을 지난 여성들의 경우, 한두 군데가 아닌 여러 곳의 통증을 호소할 때가 많습니다. 목과 허리를 비롯해 고관절과 무릎, 어깨와 팔꿈치, 손가락까지 그 부위가 다양합니다. 젊을 때는 하이힐을 신고 뛸 수 있을 만큼 관절이 튼튼했지만, 나이가 들고 몸의 노화가 진행되면 앉았다가 일어나기만 해도 자신도 모르게 "아이고" 소리가 절로 나곤 하지요.

예전에 비해 운동으로 몸 관리를 하는 여성이 늘어났지만, 그럼에도 여전히 여성은 남성에 비해 근육량이 부족한 경우가 많습니다. 또한 여성호르몬의 감소는 혈관과 뼈에까지 영향을 미치기 때문에, 폐경 이후에는 근육과 관절 건강도 이전과는 확연히 달라집니다. 그래서 미리미리 대비를 하는 것이 좋습니다.

요즘은 주변에서 허리가 굽은 할머니, 흔히 '꼬부랑 할머니'라고 부르던 분들을 보기 어려운데, 다리가 오(O) 자로 휜 나이 든 여성들은 지금도 흔히 볼 수 있습니다. 젊을 때는 일자로 곧은 다리였지만 점점 나이가 들면서 근력이 약해져 다리가 바깥쪽으로 휘게 된 겁니다. 이렇게 다리가 변형되면 무릎과 발목에 무리가 갈 뿐 아니라 골반과 허리에도 안 좋은 영향을 끼치죠.

노년기 가장 무서운 병은 관절염

노년기에 가장 무서운 질환은 암, 중풍이 아닌 관절염이라는 말이 있습니다. 한번 삐끗하거나 다칠 경우, 젊을 때는 뼈도 근육도 금방 회복되지만 나이가 들면 조직이 재생되는 속도가 현저히 떨어집니다. 회복이 느려지다 보면 활동에 제약이 생기고, 그 탓에 관절과 근육뿐 아니라 몸의 균형이 깨지면서 오장육부까지 약해질 수 있습니다.

한 달 전, 60대 여성이 한의원에 왔습니다. 무릎이 불편한 분이었습니다. 교통사고로 왼쪽 다리를 다치면서 지팡이를 짚고 다닌 지 벌써 1년이 넘었다고 하더군요. 이제 다친 다리는 어느 정도 회복이 되었는데, 문제는 오른쪽 다리였어요. 주로 다치지 않은 다리에 힘을 주고 걷다 보니 오른쪽 무릎과 발목에 통증이 생기기 시작한 겁니다. 게다가 한쪽만 집중적으로 사용하다 보니 척추측만증이 생기면서 허리와 골반도 저릿해 지팡이 없이 움직이기가 두렵다고 하셨어요. 다친 다리의 회복을 위해 어쩔 수 없이 쓰게 된 지팡이인데, 그로 인해 다른 관절염이 생기면서 지팡이를 버릴 수가 없게 된 겁니다.

또한 이 여성분은 만성적인 소화 불량에 시달리고 있었는데요. 태어날 때부터 워낙 위장이 튼튼해 1년 전만 해도 체해서 답답하다는 느낌이 뭔지 도무지 상상이 되지 않을 정도였다고 해요. 예순이 넘도록 입맛 없었던 적도 없고요. 그런데 다치고 난 뒤 변비가 생기고 식욕이 떨어져 이제는 약을 먹기 위해 억지로 식사를 챙기고 있다고 하시더군요.

원인을 짚어 보면, 일단 활동량이 줄면서 기초대사량도 줄어들어 소화력이 떨어졌을 겁니다. 거기엔 척추가 한쪽으로 휘면서 척추에서 내장, 특히 소화기관으로 가는 신경이 눌린 영향도 있겠지요. 한의학에서 말하는 비위 경락의 흐름도 중요합니다. 오장육부 중 특히 소화력과 밀접한 관계가 있는 비장과 위장 경락 모두 배를 거쳐 다리와 발까지 내려가거든요. 다리를 다치면서 이러한 경락을 따라 움직이던 기운이 원활하게 흐르지 못하는, 즉 기혈의 순환에 문제가 생겨 예전에 없던 그런 증상들이 생겼을 거예요.

치료 후 이 환자분은 많이 회복되어 지금은 통증을 거의 못 느끼고, 얼마 전에는 가까운 야산에 친구들과 나들이도 다녀왔다며 즐거워하시더군요. 노인들의 경우에는 한번 다치면 이후 혼자 거동하기 어려워져 독립적인 생활 자체가 불가능해질 수도 있는 만큼 평소에 조심하는 것이 중요합니다.

여성에게 가장 중요한 건 피

여성 관절염의 가장 큰 원인은 나이입니다. 남성들은 30, 40대에 운동 혹은 육체노동을 하다 관절이 손상되는 일이 많은 것과 다른 양상입니다. 즉, 여성은 남성에 비해 나이가 들면서 관절이 급격히 퇴화하는 것이 문제입니다. 관절이 약해도 근육이 받쳐 주면, 관절이 심각하게 손상되거나 통증으로 일상생활이 힘들지는 않아요. 그런데 근육이 약하면 관절에 그만큼 더 부담을 주게 되고, 그 상태에서는 작은 충격만 받아도 쉽게 다칠 수 있습니다. 더욱이 다이어트를 무리하게 반복한 분이라면 근육만이 아니라 뼈까지 약해져 더 상태가 심각해질 수 있습니다.

근육을 키우는 것이 중요하니, 운동만 열심히 하면 될까요? 어떤 사람은 조금만 운동을 해도 근육이 생기고 효과가 나타나는 반면,

어떤 이는 아무리 오랜 시간 공을 들여 운동해도 도통 근육이 붙지 않기도 합니다. 물론 운동 방법에서 그 원인을 찾을 수도 있겠죠. 유산소 운동과 근육 운동을 적절히 나눠 하고, 자신의 체질에 맞는 운동법을 선택하는 것도 중요합니다. 하지만 여성에게 이보다 더 중요한 것은 혈, 즉 피(blood)입니다. 남자에게도 있는 피가 왜 유독 여자에게만 의미가 큰 걸까요?

한의학에서는 남자는 기를, 여자는 혈을 잘 다스려야 한다고 강조합니다. 한의학의 기본 개념이 음양이니까요. 우리 몸을 구성하는 기본 요소 중 기는 양에, 혈은 음에 해당합니다. 이 관점에서 보면 양인 남자에게는 기, 음인 여자는 혈이 더욱 중요한 겁니다. 예를 들어, 남자의 대표적인 보약은 사군자탕(인삼, 백출, 백복령, 감초 네 가지 약재로 이루어진 처방), 여자는 사물탕이라고 하죠. 사군자탕은 인삼이 들어간 것으로 기운이 부족할 때 처방합니다. 기력이 없으면 온몸이 노곤하게 늘어지고 호흡이 짧고 가빠지며 설사도 잦아지지요. 심하면 치질과 탈항(직장이 항문으로 빠지는 증상)이 생길 수도 있어요.

이에 비해 사물탕은 당귀, 천궁, 백작약, 숙지황으로 이루어지는데요, 피와 관련된 모든 병에 기본으로 쓰이는 처방입니다. 빈혈·불임·산후풍·갱년기 증상이 있을 때, 하복부가 당기고 통증이 있을 때, 생리가 불규칙적일 때 등에 두루 사용할 수 있어요.

《동의보감》에서는 여성에게 혈이 얼마나 중요한지를 다음과 같은 말로 강조합니다.

부인에게 있어서 기가 혈보다 왕성하면 아이도 낳지 못할 뿐 아니라 여러 가지 병증이 생기고, 머리가 어지럽고 가슴이 그득하게 된다.

조선 시대만 해도 아이를 갖는 것이 여성의 의무라며 강요했습니다. 이런 시대 분위기에 맞게《동의보감》을 비롯한 의학서에서도 건강한 아이를 낳을 수 있는 방법을 주로 다루었지요. 임신을 위해서는 생리를 제때에 고르게 하는 것이 중요하고, 여성의 건강 관리는 곧 부족한 혈을 보양하는 것과 연결됩니다. 여자는 가임기 동안 한 달에 한 번씩 (아이를 가진 기간을 제외하고) 끊임없이 생리를 해 혈이 부족하다고 보았으니까요. 건강한 여성의 경우 잘 먹고 건강한 생활을 유지하면, 생리 기간에 손실된 피를 금방 몸에서 만들 수 있겠죠. 하지만 몸이 약한 여성은 생리 후 더욱 체력이 떨어지고, 부족한 피가 채 보충되기도 전에 다시 생리 주기가 돌아오는 악순환에 빠져 몸이 더 약해지기 쉽습니다. 이런 경우, 혈을 보해 주는 사물탕 같은 약을 복용하면 도움이 될 수 있어요.

'꼬부랑 할머니'가 드물어진 이유

다시 관절염 얘기입니다. 앞서 말한 것처럼 이전에는 '꼬부랑 할머니'를 흔히 볼 수 있었습니다. 척추 특히 등뼈가 굽은 것을 보통 곱사등이라고 하죠. 의학 용어로는 흉추후만이고요. 주로 척추가 결핵균에 감염돼 생깁니다.

하지만 특별한 병 없이도 척추가 굽는 경우가 종종 있는데요. 여성에게 특히 더 자주 나타납니다. 꼬부랑 할머니는 있어도 '꼬부랑 할아버지'는 드물다는 사실을 떠올려 봐도 알 수 있는 일이지요.《동의보감》에서는 척추가 굽는 원인을 이렇게 밝힙니다.

> 노인의 등이 굽는 것은 몸 안의 정수(精髓)가 부족하기 때
> 문이다.

여기서 정수의 수(髓)는 골수를 뜻하는데, 흉추후만의 원인 중 하나가 골다공증이기도 하지요. 정(精)은 우리 몸을 구성하는 기본 물질로, 노화도 정이 부족해져서 나타나는 증상입니다. 정에 대해선 4장 〈남성 질환〉에서 더 자세히 다루겠습니다. 간단히 미리 말하면 정력, 정기 모두 정에 포함되는 개념이에요.

여성은 정수에 혈까지 부족하니, 척추가 굽는 경우가 남성에 비해 더 많은 겁니다. 아이를 많이 낳은 여성의 경우 이런 증상이 더욱 나타나기 쉽습니다. 아이를 갖고 열 달 품는 동안 많은 기와 혈이 필요합니다. 출산 과정에서 피를 많이 흘리고요. 요즘은 출산하다 사망하는 경우가 많이 줄었지만, 예전에는 정말 많았죠. 여러 가지 원인

이 있는데, 과다 출혈이 주요 사인이었습니다.

시대가 변하면서 한 여성이 낳는 아이 수가 적어지기도 했고, 무엇보다 영양 상태가 좋아져 요즘은 예전처럼 꼬부랑 할머니를 보기 힘든 겁니다. 혈이라는 것은 결국 우리가 먹는 음식을 기반으로 생성되니까요.

피가 부족해 나타나는 여러 통증

척추가 굽는 것 외에도 혈이 부족한 여성들에게는 등이 아프거나 시린 증상이 나타납니다. 물론 등이 아픈 것은 허리(요추)나 목(경추)의 통증이 오래되어 그것이 척추의 다른 부분인 등(흉추)에까지 영향을 미쳐서인 경우도 많습니다. 그러나 막상 등을 정밀 검사를 해 보면 아무런 문제도 발견되지 않을 때가 많아요. 뼈나 인대, 근육 같은 조직에 눈으로 관찰할 수 있을 만큼의 이상이 발견되지 않는 경우가 흔하죠. 원래 등뼈에는 추간판탈출증(디스크) 같은 구조적인 문제가 많지 않아요. 목 디스크, 허리 디스크는 들어 봤어도 등 디스크를 들어 본 적은 없을 겁니다. 등뼈는 갈비뼈와 연결되어 안정적인 구조를 이룰 뿐 아니라 운동 범위도 목이나 허리에 비해 작기 때문이지요.

그런데도 등 통증을 호소하는 여성이 아주 많은데요. 통증이 심해지면 조금만 오래 앉아 있어도 등이 아파 숨쉬기도 힘들어합니다. 등을 펴고 누워야만 안정이 될 정도지요. 이럴 때는 부족한 혈을 채워 주는 치료법으로 접근하는 것이 효과적입니다.

혈이 부족해서 나타나는 또 다른 증상으로 꼬리뼈 통증이 있습니다. 보통 꼬리뼈가 아픈 경우는 꼬리뼈 자체를 다쳤거나 꼬리뼈에 큰 충격이 가해졌을 때이고, 허리 디스크 같은 허리 질환이 원인일 때도 있어요. 비뇨기과, 산부인과 질환과 관련 있을 때도 있고요. 그런데 이런 이유 말고도 꼬리뼈가 오랜 기간 아픈 여성이 많은데요. 이 역시 아이를 많이 낳거나 유산해 혈이 부족해져서인 경우가 적지 않습니다.

관절염, 한약으로 치료한다

이러한 통증들이 있을 때 한의학적 치료를 받으면 도움이 됩니다. 관절염, 근육통이 있을 때 한약을 복용하라고 하면, '침이나 맞으면 되지, 웬 한약? 약 팔아 먹으려는 속셈이군.' 이런 생각을 할 수도 있습니다. 건강하던 사람이 어떤 한 부위가 아프다고 했을 때는 침이 충분히 효과적입니다. 그렇지만 중년이 넘고 회복이 더딘 사람이 손목, 어깨, 허리, 무릎 등 여러 곳에 통증을 느낄 때는 한약과 함께 치료해야 훨씬 회복이 빨라질 수 있습니다.

만약 근육에 영양이 충분히 공급되지 않아 근육이 탄력이 없고 말라 손상받기 쉬운 상태라고 생각해 보면 어떨까요. 마른 나뭇가지나 지푸라기 같은 모습을 떠올리면 이해하기 쉬울 겁니다. 이런 상태라면 한 군데를 치료하고 나면 그 옆에서, 그 옆을 치료하면 또 그 옆쪽에서 계속 문제가 생길 겁니다. 실제로 어깨 회전 근개 파열로 수술을 권유받은 30대 여성 환자가 있었는데, 담당 의사가 그 주변 근육도 약해서 가까운 시일에 재수술을 또 할 수 있다고 조언했다고 합니다. 다행히 그 환자는 한의원 치료도 병행해 일상생활을 하는 데 무리가 없을 정도로 회복이 되었죠.

여성에게 혈이 특히 중요한 이유를 정리하면, 근육통·관절염은 남성보다 여성에게 더 많이 나타나는데, 근육과 관절에 영양을 공급하는 것이 결국 혈액이기 때문입니다. 여성이라도 오장육부가 건강하고 음식으로 충분히 영양을 섭취한다면, 굳이 한약을 먹을 필요는 없습니다. 양질의 단백질과 지방을 섭취하고 그 영양분을 흡수하는 내장기관이 튼튼하다면, 회복에 필요한 혈액이 충분히 생성돼 손상된 근육으로 잘 이동할 수 있으니까요. 하지만 평소에 소화와 흡수가 잘 안 되거나 혈액 순환에 문제가 있다면 회복이 느려질 수밖에 없습니다. 회복 속도가 느리다는 것은 결국 완전히 회복되지 않을 가능성도 크다는 의미입니다. 그러므로 이런 분들에게는 한약이 도움이 됩니다.

근육통, 관절염이 심하더라도 급성 통증일 경우에는, 즉 아픈 지

얼마 되지 않았을 때에는 빨리 치료를 시작하면 회복될 가능성이 큽니다. 반면, 이 정도는 괜찮겠지 하고 계속 아픈 근육과 관절을 방치해서 만성으로 굳어지면 나중에는 회복이 더 어려워져요. 평소에는 '이 정도면 괜찮아, 견딜 만해' 하고 참고 넘어가더라도, 몸이 약해지면 바로 그 부분에서 통증이 다시 생겨 점점 악화되기 쉽습니다. 비만 오면 예전에 아프던 곳이 다시 쑤시는 것도 이런 이유에서이지요.

그렇기 때문에 건강한 백세 인생을 생각한다면, 아픈 곳은 바로바로 적극적으로 치료하는 것이 좋습니다. 평상시에 단백질 식품을 충분히 섭취하고, 근력을 키우는 것도 소홀히 해서는 안 됩니다. 여성이라서 더 취약할 수 있는 근육·관절 질환, 미리미리 대비하도록 해요.

산후풍:
유산 후에도 있다

우리나라 산후조리원의 인기가 높아져서 중국이나 일본, 러시아에서도 아이를 낳으러 온다는 뉴스를 접한 적이 있을 겁니다. 덩달아 국내 산부인과의 외국인 환자 수도 늘어났고요. 물론 한편에서는 "산후 조리는 과학적인 근거가 없다", "외국에서는 아이 낳고 바로 샤워하고 음식도 가리지 않는다"며 비판적인 의견도 적지 않지요.

출산 후 조심할 것들

산후풍은 글자 그대로 '산후에 바람을 맞는다'는 뜻입니다. 몸에 바람이 든 것처럼 찬 기운이 돌고, 관절 마디마디가 쑤시고 아픈 증상이 대표적이지요. 출산 후 몸을 따뜻하게 유지하고 찬바람에 노출되지 않도록 외출을 피하는 것도 이런 산후풍을 예방하기 위해서입니다.

《동의보감》에서는 출산 후 다음과 같은 것들을 조심하라고 이르고 있습니다.

> 산후 한 달이 되기 전에 칠정(기쁨·분노·근심·걱정·슬픔·놀람·두려움 7가지의 감정)을 지나치게 쓰거나, 정신적·육체적 과로를 하거나, 바느질을 하거나, 날것·찬 것·차진 것·굳은 것 등을 함부로 먹거나 풍한(바람과 추위)에 감촉하는 것은 모두 좋지 않다. 당시에는 별로 느끼지 못하나 그 이후에는 욕로(해산 후 몸이 허약해지는 것)가 될 수 있다. 해산 후 백일이 지난 다음 성생활을 할 수 있는 것이니, 그렇지 않으면 죽지는 않더라도 허하고 여위면서 온갖 병이 자라게 되므로 삼가야 한다.

육체적인 힘듦뿐 아니라 정신적으로도 안정을 취해야 한다고 말하고 있습니다. 성생활도 삼가라고 강조합니다. 요즘은 보통 한 달이나 5~6주가 지나면 성생활을 해도 된다고 하지만, 오로(분만 후 나오는 자궁 분비물)가 나오거나 회복이 느린 경우는 천천히 할 것을 권합니다.

여기서 욕로(蓐勞)의 '욕(蓐)'은 '아이를 낳을 때에 산모에게 깔아주는 요'인데, '산욕'이라고도 합니다. 산욕기는 보통 분만 후 약 6주까지로 보는데, 산모의 생식기관이 임신 전으로 회복되는 데 걸리는 시간을 뜻합니다. 즉, 욕로는 이 산욕기에 힘든 일을 지나치게 해서 상한 상태를 말해요. 욕로의 증상으로는 음식이 소화되지 않고, 머리가 어지럽고 눈이 아프고 목이 마르고 식은땀이 나며, 때로 기침을 하고, 오한과 열이 납니다. 욕로에는 십전대보탕을 기본 처방으로 하여 개인의 증상에 따라 적당한 약재를 더하거나 뺍니다. 십전대보탕은 기와 혈을 함께 보하는 약으로 널리 알려져 있죠. 살찐 양고기가 들어가면 당귀양육탕(當歸羊肉湯)이라고 하지요.

이외에도 《동의보감》에서는 명치 아래와 허리·옆구리 아픈 것, 두통, 부종, 풍치 등 출산 후의 여러 증상과 치료법에 대해 이야기하고 있습니다.

잊을 만하면 도지는 병

산후풍도 혈이 부족할 경우, 그 증상이 더 심해집니다. 분만 시 출혈이 유독 많았거나 평소 몸이 허약했거나 혹은 임신 중 입덧 등으로 인해 충분히 영양을 섭취하지 못해 기혈이 부족해진 경우 산후풍이 더욱 심하게 나타날 수 있습니다. 물론 평상시에 기혈이 충분하고 고르게 균형 잡혀 있는 건강한 산모라면 산후풍이 뭔가 싶게 출산 직후의 시간들을 불편함 없이 보내겠지요. 하지만 출산 과정에서 많든 적든 출혈이 생기고 어혈이 생기기 쉬운 만큼, 혈을 고르게 관리하는 것은 몸의 회복에 도움이 됩니다. 또한 몸이 찬 사람들은 뼈마디가 시리고 관절에 통증이 느껴지는 증상으로 더욱 고생할 수 있는데요. 양고기가 들어간 한약을 먹는 이유도 양고기가 따뜻한 성질을 가지고 있기 때문입니다.

산후풍은 시간이 지난다고 해서 저절로 낫지 않습니다. 증상이 조금 나아진 것 같다가도 몸이 허약해지면 다시 나타나곤 합니다. 심한 경우는 몇십 년 동안 고통받기도 합니다.

유산 후에도 산후풍은 있다

산후풍은 유산한 사람에게도 나타날 수 있습니다. 설마 그렇겠냐며 의심하는 분들도 있을 겁니다. 하지만 유산 후에도 몸조리하는 시간이 필요합니다. 《동의보감》에서는 유산했을 때 10배나 더 몸조리를 잘해야 한다고 강조합니다.

> 정상적인 해산은 밤이 다 익으면 밤송이가 저절로 벌어져
> 서 밤송이나 밤톨이 다 아무런 손상도 없는 것과 같지만, 유
> 산은 아직 채 익지 않은 밤을 따서 그 밤송이를 비벼서 밤
> 껍질을 손상시킨 뒤에 밤톨을 발라내는 것과 같다.

유산을 하면 여성이 자신을 탓하는 경우가 많습니다. 자신이 몸 관리를 잘하지 못해 그런 일이 벌어졌다고 생각하는 것이죠. 그래서 유산 후 몸 돌보는 일을 소홀히 하는 분이 많습니다. 아이를 출산한 여성들은 출산 휴가도 받고 산후조리원에 들어가서 몸조리도 하는 반면, 유산한 경우에는 가정에서도, 사회적으로도 그런 배려를 받지 못할 때가 많습니다.

늦게 결혼하는 사람이 많아지면서 난임, 불임 때문에 힘들어하는 여성도 늘고 있습니다. 아이를 갖기 전까지 여러 번 유산을 겪으면서 몸과 마음이 피폐해져 가는 경우도 많죠. 이럴수록 더욱 철저하게 자신의 몸을 관리하려는 관심과 노력이 필요합니다. 이후 아이를 원하든 그렇지 않든 말입니다. 다시 아이를 가질 계획이라면 튼튼한 아이를 낳기 위해서라도 엄마의 몸을 건강하게 관리해야겠죠. 하지만 그런 목적이 없더라도 나 자신을 위해 좀 더 노력할 필요가 있다고 생각합니다.

출산 후 혹은 유산 이후 1~3개월은 짧다면 짧고 길다면 긴 시간인데, 이때를 소홀히 하면 평생 고생할 수 있습니다. 손가락 마디가

딱딱한 물건에 부딪힐 때마다 혹은 찬물에 손이 닿을 때마다 극심한 통증이 밀려오고, 춥지 않은 날씨에도 아랫배에 바람이 들어오는 것처럼 서늘함을 느끼기도 합니다. 출산 후 몸조리가 부족하면 관절염뿐 아니라 온몸에 힘이 없거나 마음이 불안하고 심장이 급박하게 뛰는 등 다양한 병증이 나타날 수 있습니다.

　다른 병도 마찬가지지만, 몸이 약해졌을 때 어떻게 관리하느냐가 이후 건강을 좌우합니다. 제때에 적절한 치료를 하지 못하고 시간이 지나서 뒤늦게 고치려고 하면 회복하는 데 시간과 비용이 훨씬 더 많이 듭니다. 아플 때 쉬는 것이 당연한 것처럼, 유산한 뒤 관리하는 것 역시 꼭 필요합니다. 따뜻하게 옷을 입고 소화 잘되고 영양가 높은 음식을 먹으면서 과로하거나 스트레스를 받지 않게 마음을 다스리는 것, 조금 귀찮을 수 있지만 기본적인 건강 관리법입니다. 알아도 못 챙길 상황이면 안타까운데, 관리를 해야 한다는 것조차 모르고 넘어간다면 더 속상하겠죠.

밑이 빠지는 느낌이 들 때:
자궁이 보내는 SOS

"그게 뭐랄까, 밑이 빠지는 느낌이에요."

가끔 여성들이 이런 증상을 호소할 때가 있습니다. 대부분은 중년 이상일 때가 많죠. 그저 밑이 무지근하고 빠지는 듯한 느낌일 뿐인지, 실제 문제가 있는 것은 아닌지 걱정을 하게 되는데요. 이런 느낌은 자궁후굴이나 자궁근종, 자궁내막증 등의 질환이 있을 때 나타날 수 있고, 생리통을 심하게 앓을 때도 생길 수 있습니다.

보통 이런 느낌이 들 때 가장 먼저 자궁 하수를 떠올릴 텐데요. 자궁 하수(子宮 下垂)란 말 그대로 자궁이 정상 위치보다 아래로 처진 상태를 말합니다. 자궁의 일부 혹은 전체가 질 밖으로 나온 경우에는 '자궁 탈출'이라고 하죠. 자궁을 지탱하는 인대가 늘어나거나 인대 접착부인 질의 윗부분의 지지가 좋지 않을 때 생기는데, 주로 50대 이상에서 많이 나타납니다. 특히 여러 번 출산했거나 늦은 나이에 첫아이를 낳은 경우, 유산한 경험이 있을 때 생길 가능성이 크지요. 별다른 증상이 없는 경우도 있지만, 아랫배에서 통증이나 불쾌감이 느껴질 수 있고 허리 통증이 생기기도 해요. 자궁 탈출은 자궁 외에도 골반 안에 있는 장기인 방광이나 직장 탈출이 같이 일어날 수 있습니다. 자궁 탈출과 방광 탈출은 여성에게만 나타나는 질환입니다.

  방광 탈출은 방광이 질 안쪽 부분으로 내려와 질의 앞쪽 벽이 방광과 함께 질 입구 밖으로 빠져나오는 증상입니다. 방광 전체보다는 일부가 탈출하는 경우가 많은데, 방광을 지지해 주는 조직이 제 기능을 못할 때 생기죠. 출산, 폐경으로 인해 골반 근육이 약해지거나 변비 등으로 인해 뱃속의 압력인 복압이 높아지는 것도 원인입니다. 방광이 탈출되면, 소변을 누는 횟수가 많아지는 빈뇨와 요실금 등의 배뇨 관련 증상이 생깁니다.

자궁 탈출에 좋은 케겔 운동

 자궁 탈출은 초기에는 누워 있으면 괜찮아지다가 더 악화되면 아랫배에 힘을 주거나 오래 서 있기만 해도 생기고, 이런 일이 반복됩니다. 탈출된 자궁이 원래 자리로 들어가면 괜찮겠거니 하고 무심하게 지나칠 수 있습니다. 하지만 방치하면 증상이 점점 더 심해져 돌출된 그대로 있게 되고, 방광 탈출 등 다른 장기까지 딸려 내려오게 됩니다. 밖으로 나온 부위는 헐고 궤양이 생기기도 하죠. 이렇게 심각한 상태가 되면 자궁 적출까지 해야 할 수 있어요.

생활하는 데 크게 불편하지 않으면 자궁 탈출을 치료하지 않고 그대로 두는 분이 많습니다. 하지만 증상이 심해지면 질 내에 기구를 삽입하거나 질 입구를 좁히는 수술을 해야 할 수도 있습니다. 수술을 했더라도 재발이 잘돼 재수술을 해야 하는 경우도 많고요. 이렇게 자궁 탈출은 만성적인 질병이라 수술이 완벽한 치료법이 되지 못합니다. 그렇기 때문에 환자 본인이 증상이 심해지지 않도록 노력할 필요가 있습니다.

그 노력 중 하나로 케겔 운동을 해 보는 건 어떨까요. 보통 케겔 운동은 아기를 낳을 때 순산하기 위해서 혹은 요실금 증상을 완화하기 위해서 합니다. 장기를 받치고 있는 골반 근육을 강화하기 위해서 하는 것이죠. 케겔 운동은 소변을 참거나 멈출 때처럼 질 근육을 조였다 풀었다를 반복하면 됩니다. 질 근육이 아닌 다리 혹은 배같은 다른 근육에 힘을 주면 효과가 떨어집니다. 처음에는 생각처럼 쉽게 되지 않고, 내가 지금 제대로 하고 있나 하며 갸우뚱할 수도 있습니다. 소변을 보다가 일부러 멈출 때처럼 1초 정도 근육을 수축해 보세요. 그 상태로 오래 있어 봅니다. 서서도 해 보고, 앉아서도 해 보고, 누워서도 해 보세요. 요가나 필라테스를 할 때 많이 하는 브릿지 자세[천장을 보고 누워 무릎을 세운 채 엉덩이(골반)를 들어 올리는 자세]도 골반 근육을 강화하는 데 도움이 됩니다. 케겔 운동에 익숙해지면 브릿지 자세에서도 질 근육을 조일 수 있어요.

자궁 하수는 중년 이상의 여성들에게 주로 나타나는 질환이지만, 젊은데도 밑이 빠지는 느낌이 들었다면 바로 케겔 운동을 하시라고 권하고 싶습니다. 무슨 질환이든 미리 대비를 하는 것이 가장 중요하니까요.

자궁을 보존해야 하는 이유

어떤 분들은 나이 들어 이제 아이도 가질 수 없으니 자궁은 쓸모없는 장기라고, 제거해도 큰 문제 없지 않느냐고 생각할 수 있습니다. 이런 생각이 만연돼 있어선지 실제로 우리나라는 OECD 국가 중 자궁 적출률 1위입니다. 그런데 자궁을 제거하면 자궁이 있던 자리만큼 빈 공간이 생기고, 그 위에 있던 장기들이 내려오는 증상이 나타날 수 있습니다. 건강한 사람이라면 금방 적응하고 불편함을 느끼지 않을 수도 있겠지만, 내장기관의 기능이 약해질 가능성을 배제할 수는 없습니다. 복통, 요통, 골반통 등 각종 통증이 나타날 수 있습니다. 자궁은 여성을 상징하는 대표 기관이어서, 자궁 적출 후 상실감과 우울증을 느끼는 분도 적지 않습니다.

이러한 여러 이유로 요즘은 자궁 적출에 대한 인식이 바뀌고 있습니다. 암에 걸렸거나 출혈이 심하거나 하는 등의 아주 심각한 경우가 아닌 한 되도록 자궁을 보존하는 것이 더 좋다는 방향으로요. 난소는 보존하고 자궁만 제거해도 고지혈증, 관상동맥질환, 심부전 등 각종 질환에 걸릴 가능성이 커진다는 연구 논문들도 발표되고 있습니다. 난소만 남겨 두면, 호르몬 분비에 문제가 없으리라고 생각하는 분이 많은데요. 정상 난소라도 자궁이 없는 상태에서는 점차 몸의 호르몬 균형이 깨져 폐경이 빨라질 수 있습니다. 자궁을 적출했다고 해서 바로 폐경이 되는 것은 아니에요. 폐경은 난소의 노화에 의한 것입니다. 배란 과정 그리고 난소에서 분비되는 여성호르몬이 일정 수치 이하로 떨어진 상태까지 함께 포괄적으로 보아야 합니다. 자궁 적출로 인한 조기 폐경은 다시 골다공증, 심혈관 질환 등으로 이어질 수 있습니다. 악순환에 빠지게 되는 거지요.

보중익기탕이 좋다

한의학에서는 자궁을 혈이 모이는 혈실(血室)이라고 해서 아주 중요시합니다. 앞서 말했듯이 특히 여성에게는 혈이 중요하고, 혈이 부족하면 다양한 질환에 걸릴 수 있기 때문입니다. 실제로 자궁을 제거했을 때 나타나는 질병은 혈과 관련된 것이 많습니다. 생리통, 자궁근종, 자궁내막증 등 자궁 관련 질환을 치료할 때도 역시 부족한 혈을 보하고 기혈을 잘 순환시키는 처방이 많이 이용됩니다.

그런데 자궁 하수나 방광 탈출을 비롯해 위 하수, 탈항 등 내장이 아래로 처지거나 빠지는 증상에는 혈을 보해 주는 약보다 기를 올려 주는 처방이 활용됩니다. 대표적인 것이 보중익기탕(補中益氣湯)입니다. 기력이 있으면 장기들이 밑으로 처지는 증상이 나타나지 않습니다. 특히 비장의 기운이 중요합니다.

비장에 대해서는 5장 〈아이들 질환〉에서 더 자세히 말할 건데요, 여기서 간단히 설명하면 한의학에서 말하는 비장은 현대의학에서 말하는 비장(지라)에 한정되지 않습니다. 췌장(이자)과 소장의 일부까지 함께 포함하는 개념으로, 위장과 한데 묶어 비위라고 합니다. 소화 작용에 깊이 관여하고요. 음식물이 위에서 소장, 대장을 거쳐 대소변으로, 점점 아래쪽으로 내려오는 것과 반대로 비장은 맑은 기운을 올려 줍니다. 음식물에서 얻은 맑고 깨끗한 영양분을 심장과 폐, 머리끝까지 이동시킨다는 것이죠. 이렇게 올려 주는 비장의 기운이 약해지면 내장기관이 아래로 처지는 병증이 나타날 수 있습니다.

보중익기탕은 비장을 튼튼하게 하면서 기운을 보태 주는 처방으로, 같은 원리로 만성적인 설사, 치질(치핵) 등의 치료에도 쓰입니다.

밑이 무지근하고 빠지는 느낌이 들 때, 아직은 심각하지 않고 수

술을 할 필요까지 없다는 판단이 들더라도 안심하면 안 될 일입니다. 그때부터 주의를 기울여야 합니다. 무거운 물건을 많이 들거나 오래 서 있거나 변비 등으로 인해 복압이 높아지는 상황이 반복된다면 자궁 하수에 걸릴 가능성이 커집니다. 평상시에 조심할 필요가 있겠죠. 이미 증상이 진행된 후에는 치료도 오래 걸리고 힘드니까요. 특히 출산 후 회복이 덜 된 상태에서 무거운 것을 들어 올리는 등 무리한 일을 하는 것은 아주 위험합니다. 자궁은 단순히 아기집이 아닙니다. 여성의 건강에서 아주 중요한 기관입니다. 관심을 가지고 몸이 보내는 작은 신호에 귀 기울여 하는 이유이지요.

갱년기 1:
물로 다스려라

불과 20~30년 전만 해도 물을 사 먹는다는 건 상상도 못했습니다. "앞으로는 물도 사 먹는 시대가 올 거라던데" 하고 농담처럼 주고받던 말이 이제는 현실이 되었죠. 요즘은 생수 브랜드만 해도 꽤 많습니다.

현재 우리나라 생수 시장 규모가 9000억 원대라고 해요. 엄청나죠. 판매되는 생수 제품만 해도 300가지가 넘는답니다. 화산암반수, 해양심층수, 빙하수, 알칼리수, 탄산수 등 그 종류도 다양하고요. 시대가 변하면서 이제 물은 더는 '별거 아닌 것'이 아니게 되었습니다.

건강을 위해 좀 더 자신에게 맞는 것을 골라 마시는 건강 음료가 되었지요.

음식만큼 물의 중요성을 간파한 허준

그렇다면 조선 시대 사람들은 어떤 물을 마시며 살았을까요? 식수조차 풍족하지 않았으니까 선택의 여지없이 주변에서 구할 수 있는 강물, 우물물 등을 떠다 먹었을까요?《동의보감》을 보면 지금보다 더 건강에 좋은 다채로운 물을 마셨을지도 모르겠습니다.《동의보감》에서는 물의 종류를 33가지로 구분하고, 그 효능에 대해서도 설명하고 있습니다. 그중 몇 가지를 보면, 음력 정월에 처음 내린 빗물인 춘우수(봄비), 매화나무가 누렇게 된 때에 내린 빗물인 매우수(여름 비), 가을철의 이슬인 추로수, 겨울철에 내리는 서리인 동상은 사계절의 기운을 담은 물이라고 보았습니다. 국화 밑에서 나는 물인 국화수, 옥이 있는 곳에서 나오는 샘물인 옥정수 등은 약으로도 쓰이는, 식물(국화에는 열을 내리는 효능이 있다)과 광물(옥은 몸속의 노폐물을 배출시킨다)의 기운이 담긴 물입니다. 이외에도 누에고치를 삶은 물인 조사탕, 밥을 찌는 시루 뚜껑에 맺힌 물인 증기수, 뜨겁게 끓인 물인 열탕 등 다양한 물이 소개돼 있습니다.

또한《동의보감》에서는 다음과 같이 물이 얼마나 중요한지도 강조하고 있습니다.

　　물은 일상적으로 쓰는 것이라고 하여 사람들이 흔히 소홀
히 여긴다. 하지만 사람은 물과 음식에 의해서 영양을 받는
다. 그러니 물이 사람에게 중요한 것이 아니겠는가. 사람은
살찐 사람도 있고 여윈 사람도 있으며 오래 사는 사람도 있
고 오래 살지 못하는 사람도 있다. 이런 차이가 생기는 원인
은 흔히 물과 토양이 같지 않기 때문이다.

이사나 여행을 갔을 때 물갈이하는 것도 이처럼 물이 인체에 미치
는 영향이 크기 때문이겠죠.

배는 따뜻하게, 머리는 시원하게

이 중 일상생활에서 구하기 쉬운 물이면서 동시에 건강에 좋은 물
한 가지를 소개할까 합니다. 바로 끓인 물에 찬물을 탄 생숙탕입니
다. 여기에 볶은 소금을 타서 마시면 체했던 것이 내려가고, 독이 있
는 음식을 먹었을 때는 토하게 돼 토사곽란을 막을 수 있다고 합니
다. 토사곽란이란 구토와 설사를 하며 배가 심하게 아픈 증상을 말
합니다. 생숙탕의 또 다른 이름은 음양탕인데요, 찬물인 음과 뜨거

운 물인 양이 섞였기 때문입니다. 양은 불·밝음·따뜻함 등을, 음은 양과 대비되는 성질인 물·어두움·차가움 등을 뜻하죠.

생숙탕을 만들 때는 순서가 중요합니다. 뜨거운 물을 먼저 붓고, 찬물을 나중에 부어야 합니다. 따뜻한 액체나 기체가 위로 올라가고 이에 따라 차가운 것이 아래로 내려오는 대류 현상을 생각하면 이해하기 쉬울 겁니다. 만약 찬물을 먼저 붓고, 뜨거운 물을 나중에 붓는다면 뜨거운 물이 위에 있어 이미 안정적인 구조를 이루기 때문에 순환이 활발히 일어나지 않겠죠.

이렇게 대류 현상 원리로 순환하는 물을 마시면, 우리 몸의 기혈

뜨거운 물은 위로 올라가려는 성질이 있고,

찬물

뜨거운 물

찬물은 아래로 내려가려는 성질이 있다.

음양탕

순환도 좋아집니다. 이러한 원리는 발을 따뜻하게 하는 족욕이나 하반신을 따뜻하게 하는 반신욕과도 일맥상통합니다. "머리는 차갑게, 발은 따뜻하게 해라", "복부(배)가 뜨거우면 아픈 곳이 없고, 머리가 차가우면 아픈 곳이 없다. 즉 배는 따뜻하게, 머리는 시원하게 유지해라"는 말도 같은 원리에 토대를 두고 있습니다.

현대인은 이전 사람들에 비해 활동량이 적습니다. 머리만 쓰는 일이 많아졌지요. 종일 컴퓨터 앞에 가만히 앉아서 일하는 경우가 많아졌고, 교통수단이 발달하면서 가까운 거리도 버스나 전철 혹은 차로 이동합니다. 늦은 밤까지 밝은 조명 아래에서 TV나 스마트폰을 보는 것도 인체의 상부, 특히 머리 쪽으로 열이 몰리게 되는 요인입니다. 이로 인해 만성적인 두통과 어지럼증뿐 아니라 안구건조증, 이명, 비염, 불면증까지 다양한 질환에 시달리고 있습니다. 반면 하체는 거의 움직이지 않아 차가워지는 바람에 발이나 무릎이 시리거나 발목을 자주 삐는 근골격계 질환을 앓는 경우가 많습니다. 여성의 경우 생리통, 자궁근종 등으로 고통받기도 하고요.

공진단은 음양탕 원리를 응용한 한약입니다. 우황청심원, 경옥고와 함께 한방 3대 명약이라고 할 정도로 유명하지요. 공진단은 수승화강(水升火降) 효능이 있는 대표적인 약입니다. 수승화강이란 '물은 위로, 불은 아래로'라는 뜻으로 차가운 기운은 올라가게, 뜨거운 기운은 내려가게 한다는 것입니다. 오장 중에서 심장은 화를, 신장은 물을 주관하는데 이 두 기운이 서로 도와 순환을 하게 되면 음양이

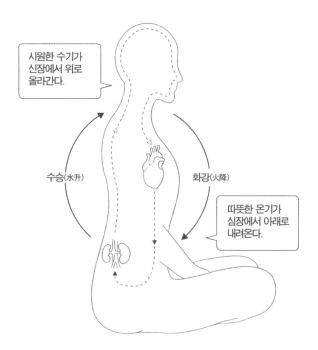

시원한 수기가
신장에서 위로
올라간다.

수승(水升)

화강(火降)

따뜻한 온기가
심장에서 아래로
내려온다.

조화를 이루게 되고 병이 생기지 않게 됩니다.

찬물 대신 음양탕을 마셔라

가장 맛이 좋은 물의 온도는 12도라고 합니다. 탄산수의 경우에는 14~17도가 적당하고 탄산 함량이 높을수록 온도도 높은 것이 좋다고 해요. 온도가 낮아지면 탄산(기포)의 식감을 즐길 수 없기 때문이죠.

물의 온도가 너무 높거나 낮은 경우에는 혀에 통증이 느껴져 맛을 제대로 느낄 수 없습니다. 뜨겁거나 찬물이 몸에 들어오면, 혀뿐 아니라 식도나 위 등 소화기관에 자극이 될 수 있고 소화 작용에도 좋지 않아요. 특히 찬 기운은 몸을 경직시킬 수 있기 때문에 원활한 신진대사를 위해서는 피하는 것이 낫겠죠.

체질과 평상시 몸의 상태에 따라 자신에게 맞는 물의 온도는 달라질 수 있습니다. 아무래도 남성에 비해 여성이 수족 냉증이나 배가 냉한 증상을 많이 겪으니 조금 더 따뜻한 물을 마시는 것이 좋습니다. 갱년기가 오면 여성들은 얼굴로 열이 오르는 안면홍조, 가슴이 울렁이거나 두근거리는 증상, 하루에도 몇 번씩 추웠다 더웠다가 하는 느낌 때문에 불편할 때가 많습니다. 그런데 열이 오른다고 해서 찬물을 벌컥벌컥 급하게 마시는 것은 좋지 않습니다. 그렇게 되면 오히려 배가 싸늘하게 식으면서 소화력이 떨어지고, 갱년기 증상이 더욱 악화될 수 있습니다. 가뜩이나 위아래가 소통이 안 되는 상황인데, 그 중간 지점에 위치한 소화기관이 약해지고 꽉 막히게 되면 증상이 더욱 심해지겠죠. 열이 나는 곳에는 더 열이 몰리고, 찬 곳은 더욱 차게 됩니다. 갱년기에는, 얼굴과 가슴에는 열이 있고 배 아래쪽 하반신이나 발은 싸늘하게 식는 상열하한(上熱下寒)일 때가 많으니 순환을 도와주는 음양탕이 도움이 됩니다.

음양탕은 집에서 간단히 만들어 마실 수 있으니 한번 해 보면 어떨까요. 매일 꾸준히 음양탕을 마시다 보면 머지않아 건강해진 몸을 확인할 수 있을 겁니다.

갱년기 2:
호흡법을 바꿔라

서양의학, 한의학 모두 스트레스를 만병의 근원으로 보는 건 같습니다. 여기서는 아무런 준비 도구 없이 언제 어디서나 스트레스를 해소할 수 있는 방법을 소개하려고 합니다. 바로 호흡법입니다.

호흡은 산소를 들이마시고 이산화탄소를 내보내는 과정입니다. 이러한 기체 교환을 통해 폐로 들어간 산소는 혈액 속 헤모글로빈을 통해 세포로 이동하고 세포 속 미토콘드리아는 이 산소를 이용해 영양분을 분해함으로써 우리가 살아갈 에너지를 만들어 냅니다. 생존뿐 아니라 건강을 유지하는 데 호흡은 절대적이고 중요합니다.

누구나 생명을 유지하기 위해 호흡을 하지만, 건강에 좋은 호흡을 하기란 쉽지만은 않은데요. 평소 대부분의 사람은 무의식적으로 호흡하기 때문입니다. 이러한 호흡을 내가 생각하는 대로 조절하려면 많은 노력이 필요합니다. 특히 폐활량이 작고 폐 기능이 약한 사람의 경우에는 더 그렇습니다.

그냥 숨 쉬기 말고 '호흡법'

호흡법에는 단전 호흡, 복식 호흡을 비롯해 요가 호흡법, 필라테스 호흡법 등 다양합니다. 어떤 운동을 하느냐에 따라 다르기도 합니다. 이 중 몇 가지를 소개하겠습니다.

최근 화제가 되고 있는 호흡법이 478호흡법인데요, 미국에서 대체의학을 연구한 앤드류 웨일(Andrew Weil) 박사가 개발한 것이지요. 불면증인 사람들을 위한 호흡법입니다. 코로 4초간 숨을 들이마신 후 7초간 참았다가 입으로 8초 동안 내뱉는 것을 3번 정도 반복해주면 됩니다. 숨을 들이쉴 때는 입을 다물어야 해요. 늦게까지 잠들지 못하고, 잠든 후에도 깊이 잠들지 못하는 현대인을 위해 고안한 호흡법이지요.

근력운동을 할 때는 근육의 수축과 이완에 따라서 호흡을 해야 부상을 피하고 근력도 효율적으로 키울 수 있습니다. 근육이 수축

할 때 즉 무거운 것을 들거나 힘을 줄 때 숨을 내쉬고, 근육이 이완할 때 숨을 들이마셔야 합니다. 초보자들은 반대로 하기 쉬운데, 익숙해질 때까지 의식적으로 반복하는 것이 중요합니다.

요가의 호흡법은 매우 다양합니다. 요가 동작을 할 때 몸이 긴장되면 자신도 모르게 호흡을 멈추게 됩니다. 하지만 힘든 동작을 할수록 긴장을 풀고 이완시키기 위해 숨을 참지 않고 계속해서 호흡하는 것이 필요해요. 호흡을 멈출수록 몸이 더욱더 긴장되고 굳어서 동작을 하기 어렵게 되고 두통과 어지러움을 느낄 수도 있습니다. 그래서 계속 호흡하는 것이 가장 기본입니다.

복식 호흡과 단전 호흡

건강 호흡법 중 대표적인 것이 복식 호흡입니다. 스트레스와 긴장을 풀고 내장비만을 줄여 주는 효과가 있어 다이어트에도 좋다고 알려져 있습니다. 폐에 물이 찬다거나 흉부 수술을 한 후에 폐활량을 회복하고 가래를 배출해야 할 때도 복식 호흡을 하라고 합니다.

평소에 대부분 사람은 가슴을 이용하는 흉식 호흡을 하는데, 흉식 호흡은 나쁘고 복식 호흡만 좋다고 딱 잘라 말할 수는 없습니다. 더군다나 필라테스를 배울 때는 흉식 호흡을 하라고 해서, 어떤 것이 좋은 호흡법인지 더 헷갈리죠. 필라테스 호흡법은 흉식 호흡과는 조금 다른 호흡법으로 흉곽호흡이라고 하는 것이 더 적절합니다. 흉곽성 복부 호흡이라고도 하지요. 코로 들이마시면서 갈비뼈를 늘려 흉곽을 넓히고, 입으로 내쉬면서 갈비뼈를 조이고 복부도 함께 조여주는 겁니다. 마치 우산을 펴듯 들이쉬고 코르셋을 조이듯 내쉬라고 하지요. 이때 어깨가 위아래로 들썩이지 않도록 하는 것이 중요합니다. 심폐 기능 향상에 도움이 되는 호흡법입니다.

복식 호흡은 배를 내밀면서 들이마시고 배를 집어넣으면서 내쉬는 호흡법입니다. 배의 근육을 이용해 횡격막을 움직이게 하는 방식으로, 내부로는 소화와 장운동을 도와주고 외부로는 복부 근육을 단련시키죠. 복식 호흡을 하면 부교감신경이 활성화돼 심장 박동이 느려지고 몸이 이완되면서 마음까지 안정됩니다.

처음 복식 호흡을 시도하면 배만 꿀렁꿀렁하고 오히려 가슴이 답답한 느낌이 들기도 합니다. 노래를 잘하려면 복식 호흡을 할 수 있어야 한다고 하죠. 노래하기를 좋아하는 분이라면, 복식 호흡을 좀 더 쉽고 재미있게 배울 수 있을 거예요.

마지막으로 단전 호흡을 이야기하려고 합니다.

단전 호흡은 알려 주는 단체도 다양하고, 호흡 방법도 조금씩 다른데요. 단전은 배꼽 아래 3촌(약 9센티미터)에 있는데, 이 단전으로 호흡하는 것이 단전 호흡입니다. 숨을 배꼽 아래까지 깊게 들이마신다는 생각으로 해야 합니다. 초보자는 손을 단전 위에 올려놓고 단전을 의식하면서 하는 것도 도움이 되죠. 다만 너무 신경을 쓴 나머지 단전에 힘을 준다거나 몸을 너무 긴장시키면 오히려 기가 원활히 순환하는 데 방해가 됩니다. 숨이 가쁘거나 머리가 아픈 부작용이 나타날 수도 있어요. 몸에 힘을 빼고 자연스럽게 하는 것이 중요합니다.

단전 호흡과 복식 호흡 모두 숨을 좀 더 아래로 깊게 내리는 방법인데요. 단전 호흡은 인체의 앞부분 정중선에 분포된 임맥에 위치한 단전(관원 혈)에 좀 더 집중하는 것으로, 호흡을 할 때는 똑바로 앉거나 눕는 등 자세를 일직선으로 곧고 바르게 하는 것이 좋습니다. 경락으로 기혈이 잘 소통되게 하기 위해서죠.

중년 여성 건강에 좋은 심호흡

지금까지 여러 호흡법을 소개했습니다. 이런 호흡법들의 기본이자 공통점은 천천히 깊게 쉬는 겁니다. 몸이 힘들거나 스트레스를 받아 흥분하면 자신도 모르게 호흡이 빨라지죠. 이때는 주로 교감신경이 활성화돼 심장 박동이 빨라지고 혈관은 수축돼 혈압이 높아집니다. 이를 가라앉히려면 교감신경과 반대로 작용하는 부교감신경이 활성화되어야 하는데, 이를 도와주는 것이 바로 복식 호흡을 비롯한 심호흡입니다.

안정된 상태에서 성인의 분당 호흡수는 16회 정도입니다. 사람에 따라 20회 정도까지 정상으로 봅니다. 아이들은 이보다 빠르죠. 이에 비해 맥박 수(심장 박동 수)는 분당 60~100번인데, 호흡 1번에 맥박이 3~5번 뛰는 겁니다.

중국의 오래된 한의학서 《영추(靈樞)》에서는 "사람이 숨을 1번 내쉬면 맥이 2번 뛰고 맥기가 3촌을 운행하며, 1번 들이쉬면 맥이 2번 뛰고 맥기가 3촌을 운행한다"고 했습니다. 1호(呼, 내쉬는 숨)에 맥이 2번 뛰고 1흡(吸, 들이쉬는 숨)에 마찬가지로 맥이 2번 뛰어, 한 호흡에 맥박이 총 4번을 뛰고, 경맥을 따라 기가 6촌을 간다는 설명인데요. 우리가 긴장하거나 힘들어서 맥박 수가 빨라졌을 때, 심장 박동 수 자체를 마음대로 조절할 수는 없습니다. 하지만 호흡을 천천히 할 수는 있죠. 이렇게 호흡수를 조절하면 터질 것처럼 두근대던 심장도 안정을 찾기 시작합니다. 1번의 호흡에 4번 정도 뛰는 심장이 호흡에 맞추어 자신의 원래 패턴을 찾아가는 것이죠.

심폐 기능은 실제로 서로 깊이 관련되어 있습니다. 심장이 약하면 폐 기능이 떨어지기 쉽고, 반대로 폐 기능이 약할 때 심장의 기운도 약해지기 쉽습니다. 심장에 큰 병이 있는 것도 아닌데 작은 일에도 심장이 두근대거나 쉽게 긴장하는 사람이라면, 가슴을 펴고 숨을 깊게 들이마시는 것만으로도 도움이 될 겁니다. 움츠러진 가슴을 펴기만 해도 자꾸 쪼그라들려던 폐가 펴져 그만큼 들이쉬는 숨도 많아집니다. 계속 이렇게 하다 보면 좀 더 깊은 호흡을 할 수 있게 됩니다. 평상시에 적절한 운동을 해서 폐활량을 늘리는 것도 물론 좋겠죠.

심폐 기능은 여성보다 남성이 더 발달해 있는 경우가 많습니다. 신체 구조, 호르몬 차이 등 다양한 변수가 작용해서지요. 중년 이상의 여성들은 호르몬의 영향으로 가슴이 후두둑 떨어지듯 불안하고 조금만 긴장해도 심장이 두근대면서 빨리 뛰는 경험을 자주 합니다. 이럴 때 호흡법이 증상 완화에 크게 도움이 되는데요, 숨을 조금 더 깊고 천천히 쉬는 것이죠.

남자는 주로 복식 호흡을 하고 여자는 흉식 호흡을 하는데요, 단전 호흡을 통해 자꾸 위로 뜨는 기운을 아래로 내려 주는 것도 좋습니다. 남성에 비해 여성은 호흡 중심이 위쪽으로 치우쳐 있을 때가 많습니다. 기운이 위로 뜨면 두통, 어지러움, 불면증을 일으키지만 기운을 아래로 내려 주면 하복부, 하체의 혈액 순환이 좋아지고 고혈압, 중풍, 화병 등에 걸릴 위험도 낮아집니다. 실제로 호흡 기능이 떨어지면 뇌졸중(중풍), 심장마비에 걸릴 확률이 커진다는 연구 결과도 있습니다.

먹는 것만큼 호흡에도 관심 기울여야

한의학에서 말하는 기(氣)는 우리 몸을 구성하며 생명 활동을 유지하는 데 가장 기본이 되는 것으로 힘, 기운, 에너지, 정기, 생명력 등을 포괄하는 의미입니다. 인체의 기는 크게 3가지로 나눌 수 있는

데, 첫 번째는 부모에게서 받은 선천의 정기이고 두 번째는 음식물에서 섭취하는 수곡의 정기로 곡기라고도 합니다. 음식 먹는 것을 거부하거나 음식을 먹지 못할 때 흔히 "곡기를 끊다"고 말하죠. 마지막으로 자연에서 얻는 청기(淸氣)가 있는데, 이것이 호흡으로부터 얻는 기운입니다. 이 세 가지의 기가 모두 갖추어져야 건강을 유지할 수 있습니다.

하지만 부모에게서 받는 정기는 태어나면서 이미 결정된 것이라서 후천적인 노력으로 길러지는 것이 아닙니다. 그렇다면 내가 스스로 노력해서 얻을 수 있는 기는 나머지 두 가지입니다. 우리는 어떤 음식이 몸에 좋은지에 대해선 관심이 많으면서 호흡에는 그만큼 신경을 쓰지 않는 것 같습니다. 이제 나의 상태에 맞는 건강한 호흡법을 택해 실천해 보는 건 어떨까요? 살아 있는 한 한시도 쉬지 않고 계속 숨을 쉬어야 한다면, 호흡법을 바꾸는 것은 작지만 큰 변화를 이끄는 계기가 될 겁니다. 어쩌면 그 어떤 것보다 평생 건강에 큰 영향을 미치는 중요한 습관이 될지 모르겠습니다.

3장

비혼 여성 질환: 산과와 부인과로

나뉜 이유가 있다

남성의 경우엔 결혼 여부나 자식 유무가 건강을 살필 때 큰 조건이 되지 않습니다. 하지만 여성은 건강을 살필 때 임신을 했었는지 안 했었는지, 결혼을 했는지 안 했는지가 중요합니다. 그에 따라 더 쉽게 걸릴 수 있는 질환이 다르기 때문이지요. 산부인과에 가면 먼저 설문지에 체크하는 것도 같은 이유에서입니다. 산부인과는 산과와 부인과를 함께 다루는데, 임신과 분만을 다루는 산과가 아닌 부인과(여성의 생식기 관련 질환을 다룬다) 진료를 볼 때도 임신과 결혼은 중요한 진찰 조건입니다.

　서양의학에서는 성생활을 하지 않는 여성을 수녀, 동양의학에서는 여승으로 상정하고 이들이 더 잘 걸릴 수 있는 질병에 대해 설명합니다. 《동의보감》에서도 이렇게 구분해 다룹니다.

　　"과부나 여승의 병은 (부부 생활을 하는) 부인의 병과는 다르다."

실제로 《동의보감》의 <잡병편:부인> 내용을 보면 대부분이 임신과 출산의 전후를 중심으로 이야기를 풀어 갑니다. 여성의 건강에서 임신과 출산이 차지하는 비중이 크기 때문이지요. 다산, 특히 사내아이를 낳는 것을 중요시한 시대적 배경에서도 그 이유를 찾을 수 있습니다.

《동의보감》에서 과부나 여승의 병을 따로 분류한 것은 음양의 조화라는 측면에서 보면 과부나 여승은 한쪽으로 치우쳐 있기 때문입니다. 여성은 음, 남성은 양인데 성생활을 하지 않을 경우 음만 있고 양이 없는 상태니 결혼한 여성들과는 신체적, 정신적으로 나타날 수 있는 질환이 다르다고 본 것이죠.

여성 건강은 여성호르몬을 중심으로 살펴볼 수도 있습니다. 대부분의 여성은 폐경 때까지 매달 한 번씩 생리를 합니다. 생리 기간과 배란 기간 그리고 생리 전후에는 각각 분비되는 여성호르몬의 종류와 양이 달라집니다. 그런데 임신 기간에는 배란과 생리가 생략돼 평소와 같은 호르몬 분비가 일어나지 않습니다.

또한 생리 횟수도 건강에 영향을 미칩니다. 임신을 한 번 했는지 여러 번 했는지에 따라 생리를 하지 않은 기간도 달라지는데요. 예를 들어, 여성의 가임기를 초경이 시작되는 13세부터 갱년기 전인 50세 정도까지 본다면, 임신을 하지 않은 사람은 약 38년 동안 매달 생리를 합니다. 그러면 456번(38년*12개월)이죠. 이번에는 3번 임신한 여성을 살펴봅시다. 분만 예정일은 마지막 생리 첫째 날부터 280일째 되는 날로 계산하지만, 통상적으로는 임신 기간을 열 달로 칩니다. 그러면 적어도 30번은 생리를 하지 않겠죠. 출산 후 2~3개월 사이에 생리가 시작되고, 모유 수유를 하면 보통 생리를 하지 않으니, 이 여성은 평생 426번(456번-30번)보다 적은 생리를 하게 됩니다. 왜 뜬금없이 생리 횟수를 계산하는 거지 하면서 갸우뚱해할 분도 있을 텐데요, 이후 내용을 보시면 생리 횟수가 많을수록, 즉 배란 횟수가 많고 생리 기간이 길수록 더 잘 걸리는 병이 있다는 사실을 알게 될 겁니다.

이처럼 여성의 건강을 살필 때는 여러 변수를 감안해야 합니다. 이번 장에서는 임신 경험이 없는 여성이 더 걸리기 쉬운 질환에 대해 알아보겠습니다.

난소암·자궁체부암:
찬 곳에 앉지 마라

2016년 국가암정보센터가 여성이 잘 걸리는 암을 조사한 결과, 유방암이 1위, 갑상선암이 2위, 자궁경부암이 7위, 자궁체부암이 10위를 차지했습니다. 조사 대상을 15~34세로 한정했을 때는 1위가 갑상선암, 2위 유방암, 3위 자궁경부암, 4위가 난소암이었습니다. 눈여겨볼 것은 전체 연령대에서 높은 순위를 차지하던 대장암(3위), 위암(4위), 폐암(5위), 간암(6위)이 상위권에 들지 않았다는 겁니다. 거의 다 여성암입니다. 여성암이란 난소암처럼 여성만 걸리는 암이나 유방암처럼 여성이 남성에 비해 훨씬 많이 걸리는 암을 말합니다.

생리 횟수 많을수록 잘 걸리는 난소암

난소암은 자궁의 좌우에 있는 생식기관인 난소에 암이 생긴 겁니다. 난소는 에스트로겐 등의 성호르몬을 분비하고, 난자를 저장하며, 배란이 이루어지는 곳입니다. 성인의 난소 길이는 3~5센티미터이고, 무게는 채 10그램이 되지 않습니다. 하지만 생리, 임신 등에 관계하는 중요한 기관이죠.

난소암은 40~60대에서 가장 많이 걸립니다. 5년 생존율이 60퍼센트 정도이지만 3, 4기에 발견되는 경우가 많아 이때 완치율이 20~30퍼센트로 떨어집니다. 여성 생식기 암 중에서 가장 치사율이 높죠. 다행히 조기에 발견하면 완치율이 80~90퍼센트입니다.

그런데 난소암은 초기에 발견되기 어렵습니다. 별다른 증상을 느끼지 못할 때가 많기 때문이지요. 골반이나 배에서 불편함이나 통증이 느껴지고, 소화가 잘 안 되고, 쉽게 배부른 느낌이 드는 것이 주요 증상입니다. 난소가 커지면 복부에 딱딱한 것이 만져질 수도 있지만, 난소가 워낙 골반의 깊은 안쪽에 있을 뿐 아니라 여성의 복부는 만삭의 태아를 품을 수 있을 만큼 늘어날 수 있어 살이 찐 것이겠거니 생각하면서 무심히 지나칠 때가 많습니다.

난소 종양의 경우 큰 것은 20센티미터가 넘고 무게도 500그램이 넘는 경우가 있습니다. 2019년 8월, 러시아의 한 병원에서는 무려 25킬로그램에 달하는 난소 종양을 제거한 적도 있습니다. 이 환자는

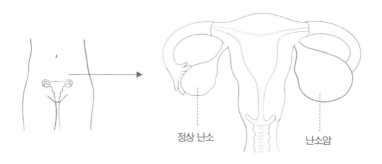

정상 난소   난소암

59세로, 통증과 호흡 곤란이 있었지만 복부가 천천히 늘어났기 때문에 몸에 별다른 변화를 느끼지 못했고, 난소에 종양이 있는 사실도 몰랐다고 합니다.

난소암의 원인은 명확하게 밝혀지지 않았는데, 가족력이 있는 분들은 각별히 더 조심해야 합니다. 전체 난소암 환자 중 5~10퍼센트가 가족력이 있었으니까요. 영화배우 안젤리나 졸리 때문에 유명해진 BRCA(BReast CAncer) 유전자 검사를 했을 때 양성으로 나올 때가 많습니다. 이 유전자는 유방암과 관련이 깊은데, 유방암이 있을 경우 난소암에 걸릴 가능성도 커집니다. 반대의 경우도 마찬가지고요. 그렇기 때문에 유방암을 앓는 분은 정기적으로 난소암 검진을 받는 게 좋습니다. 난소암이 있는 분은 유방암 검진을 받아야 하고요.

오랫동안 배란을 한 여성도 난소암에 걸릴 가능성이 큽니다. 배란 횟수가 적을수록 가능성이 낮아지죠. 그런 만큼 초경이 빠르거나 폐경이 늦는 경우도 위험할 수 있습니다. 출산 경험이 있는 여성이 그렇지 않은 여성에 비해 난소암에 걸릴 확률이 작은 이유가 임신과 수유 기간 때문입니다. 출산 횟수가 많을수록 임신 기간이 길어져 배란 횟수가 적어지고, 수유 시에도 생리가 지연되기 때문에 난소암에 걸릴 가능성이 낮아지는 거지요. 이런 이유 때문에 난소암 예방법으로 피임약 복용이 있습니다. 배란을 억제시키기 때문이지요.

아이 많이 낳을수록 잘 걸리는 자궁경부암

자궁암은 발생 부위에 따라 자궁경부암과 자궁체부암으로 나뉩니다. 우리나라는 자궁경부암의 비율이 높습니다. 이 두 개의 암은 자궁에서 발생하는 것은 같지만, 발생 요인은 많이 다릅니다.

자궁경부암은 질과 연결된 부분, 자궁의 입구인 자궁경부에서 발생하는 암으로, 5년 생존율은 약 80퍼센트입니다. 인유두종 바이러스(HPV, Human Papilloma Virus) 감염이 주된 원인이지만, 이 바이러스에 감염되었다고 해서 무조건 자궁경부암이 생기는 건 아닙니다. HPV는 남녀 모두 합쳤을 때 우리나라 성인의 10퍼센트가 감염되어 있습니다. 성생활을 하는 대부분의 사람이 평생 한번쯤은 감염될 만큼 흔합니다. 불결한 성생활을 하거나 성생활을 16세 이전 어린 나이에 시작하거나, 성관계 상대자가 많을수록 자궁경부암에 걸릴 위험이 많아집니다. 주로 30세 이후부터 잘 걸리고, 40~50대가 가장 많이 걸립니다. 비타민 A와 C, 엽산 등의 영양소가 결핍되면 발병률이 증가하고, 특히 흡연이 나쁜 영향을 끼칩니다. 난소암과 달리 자궁경부암은 출산한 경험이 있는 여성이 더 잘 걸릴 수 있습니다. 즉 아이를 많이 낳은 것이 위험 요인이 됩니다.

자궁경부암은 암이 진행되는 속도가 느린 편이라 조기에 발견해 치료하면 완치도 가능합니다. 대표적인 증상은 성관계 후 질 출혈입니다. 생리 양이 갑자기 많아지거나 생리 기간이 길어지거나, 폐경 후 출혈이 보일 때도 의심을 해 보아야 합니다.

출산 경험이 없을수록 더 잘 걸리는 자궁체부암

자궁체부에서 발생하는 암 중 가장 많은 것이 자궁내막암입니다. 주로 백인이 걸리는 병이었는데 식생활이 서구화되면서 우리나라에서도 환자가 점점 늘고 있습니다. 대부분 폐경 이후인 50~60대에서 많이 걸립니다. 폐경기 전후에 출혈이 많거나 오래 지속될 때, 질 출혈이 있을 때는 자궁체부암을 의심하고 검사를 받아 봐야 합니다.

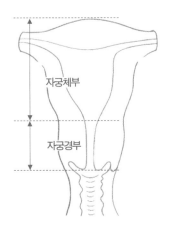

자궁체부

자궁경부

비만, 당뇨, 고혈압이 있다면 더 조심해야 하고요.

자궁체부암은 자궁경부암과 달리 출산 경험이 없을 때 더 걸리기 쉽습니다. 여성호르몬 중 에스트로겐의 수치가 높아지면 자궁내막이 두꺼워져 걸릴 가능성이 커지는 겁니다. 유방암 치료제인 타목시펜 역시 에스트로겐 작용에 영향을 주기 때문에 유방암을 앓고 있는 분들은 정기적으로 자궁내막암 검사를 받는 것이 좋습니다.

대부분의 암이 그렇듯이, 난소암과 자궁암도 원인이 명확히 밝혀지진 않았습니다. 그런 만큼 무엇보다 조기 발견이 중요하니, 정기적으로 검진을 받는 게 가장 좋은 예방법입니다. 아울러 내 몸이 보내

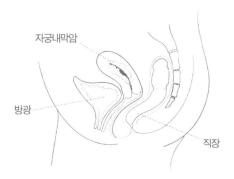

는 이상 신호에 귀 기울이는 습관을 들이는 것 또한 필요합니다. 성관계 후 출혈이 있거나 생리 양이나 기간이 달라졌거나 폐경 후 출혈이 있거나 하면 피곤해서 그런가 보다 하고 쉽게 지나칠 수 있는데 그것이 몸이 보내는 경보일 수 있다는 점을 염두에 두세요.

생리는 매달 치르는 것쯤으로 가볍게 생각할 수 있는데 사실 생리야말로 여성의 건강을 대변해 주는 것입니다. 몸이 힘들거나 스트레스를 심하게 받으면 생리를 건너뛰기도 하고, 너무 일찍 하기도 하고, 갑자기 양이 줄거나 많아지기도 합니다. 어혈인 덩어리가 나온다든가 검붉은 피가 나오기도 하지요. 그러므로 가임기 여성들은 생리

기간에 자기 몸의 상태를 잘 살피는 것이 필요해요.

배 아래는 늘 따뜻하게

그렇다면, 난소와 자궁 건강을 위해서 평상시에 어떻게 관리하는 것이 좋을까요?

여성 생식기인 난소, 자궁이 위치한 곳이 하복부이지요. 특히 아랫배 주변의 기혈이 잘 돌도록 하는 것이 중요합니다. 혈액 순환에 문제가 생기면 노폐물이 생기기 쉬우니까요. 어혈은 생리통, 자궁근종, 암의 발생에도 영향을 미치기 때문에 생식기 주변의 기혈이 원활하게 순환하도록 하는 것이 아주 중요합니다. 이를 위해 복부를 조이는 보정속옷 등을 너무 자주 입지 않는 것이 좋고, 속옷도 되도록 면 같은 천연섬유로 된 것을 입으시길 권합니다.

자궁 건강을 위해 가장 중요한 것은 복부와 하체를 따뜻하게 해주는 겁니다. 여자는 찬 바닥에 앉는 거 아니라는 말을 들어 본 적 있으시지요? 이러한 말에 "여성을 단지 아이를 낳는 도구로 보는 것이다. 차별적 시선을 담고 있다"고 지적할 분도 있을 텐데요, 여성의 건강만 놓고 보면 찬 곳에 앉지 않는 게 맞습니다. 요즘은 핫팬츠나 미니스커트 혹은 배꼽을 드러내는 티셔츠 등 복부나 하체를 드러내는 패션을 즐겨 복부나 하체가 차게 될 경우가 많은데요, 아기를 낳든 그렇지 않든 자궁은 여성의 몸 건강 전체를 좌우하니 저 말은 꼭 기억해 두면 좋겠습니다.

건강을 위해 수영을 할 때도 마찬가지입니다. 대부분의 수영장 물 온도가 체온에 비해 낮습니다. 평소 몸이 찬 여성들이라면 특히 수영 후 몸을 따뜻하게 관리해야 합니다. 수영을 한 날에는 배에 찜질 팩을 얹거나, 뜸을 뜨거나, 좌훈을 하는 것도 좋습니다. 찜질팩이 없을 때는 수건을 물에 적셔 비닐봉지에 넣고 전자레인지에 살짝 돌려 사용해도 됩니다.

좌훈을 할 때는 자신의 증상과 몸 상태에 맞는 한약재를 활용하는 것도 좋습니다. 쑥은 몸을 따뜻하게 하는 데 도움이 되고, '여성에게 유익하다'는 뜻을 가진 익모초(益母草)는 어혈이 있는 경우에 좋습니다. 백반을 가열해서 수분을 제거한 고백반은 외음부에 습기가 많고 간지러울 때 효과가 있어 세정제로도 사용할 수 있습니다. 민들레를 말린 포공영은 열독을 내리고 해독하는 효능이 있으며, 소염과 항균 작용이 있어 대하증(질 분비물이 많은 증상), 방광염, 요도염까지 응용 범위가 넓어요.

자궁은 여성 건강의 모든 것

이뿐 아니라 자궁과 난소의 건강을 위해서는 소화 기능과 장, 허리까지 다양한 측면을 고려해야 합니다. 자궁과 난소가 안 좋으면 요통이 생길 수 있고, 반대로 허리나 골반 쪽 척추신경이 눌려 있으면 여성 생식기, 비뇨기 건강에 나쁜 영향을 미칩니다. 소화기와 장이 원활하게 작용하지 않으면 자궁 쪽 기혈 순환이 좋을 리 없고, 반대의 경우도 마찬가지입니다.

실제로 생리 양이 지나치게 많은 원인을 파악해 보면, 자궁이 아닌 이러한 다른 문제들이 원인일 때가 있습니다. 몇 달 전 생리통이 심하고 생리 양이 많아 힘들어하는 20대 여성분이 찾아왔습니다. 산부인과에도 들렀는데 문제 원인을 찾지 못했다고 해요. 보통 생리 양이 많은 것은 자궁내막증, 자궁선근증, 자궁근종, 난소 혹은 호르몬 이상 등이 원인인데, 이러한 질환이 없었던 것이죠. 이 여성분은 요가강사였어요. 운동을 열심히 하는 젊은 여성이었기 때문에 몸 상태에 대해서는 자신이 있었고, 그저 가끔씩 소화가 안 되고 밥맛이 없다고만 했어요. 진단을 해 보니 비장의 기능이 많이 떨어져 있었습니다. 비장은 위장 기능과 함께 소화에 중요한 역할을 합니다. 특히 입맛에 큰 영향을 미쳐요. 비장이 약하면 음식에 별로 관심이 없고, 식사 때가 지나도 밥을 찾지 않아요. 음식이 맛있고 먹고 싶어야 하는데, 그저 살기 위해서 억지로 챙겨 먹는 사람이라면 한번쯤 비장 기능을 의심해 보아야 합니다.

또한 비장은 통혈 작용을 합니다. 통혈(統血)이란 혈액이 정상으로 운행해 밖으로 넘쳐흐르지 않도록 제어하는 겁니다. 비장의 기운이 약하면 혈액을 잡아 줄 힘이 약해져 각종 출혈증이 나타날 수 있습니다. 이 여성분은 직업 특성상 날씬하고 마른 몸을 유지해야 했습니다. 이를 위해 식사를 엄격하게 조절하는 바람에 음식에서 얻을 수 있는 에너지는 부족한 반면 운동량은 많으니 더 기력이 없었던 겁니다. 더욱이 타고난 비장의 기운도 약한 편이었고요. 그 결과 그나마 섭취한 음식도 영양분의 흡수가 잘되지 않았고 그것이 자궁에까지 영향을 미친 겁니다.

환자분은 생리 양이 점점 더 많아지고 생리 기간도 늘어나 빈혈이 극심해져 곧 일을 그만둘 생각이라고 했습니다. 저는 우선 비장에 기운을 보태 밥맛이 돌고 소화도 잘되게 하는 한약으로 치료했습니다. 아울러 영양가 있고 소화가 잘되는 음식을 충분히 섭취할 것을 권했지요. 단백질을 섭취할 때도 튀기거나 구운 고기보다는 찌거나 삶은 것을 선택하도록 했습니다. 소화가 안 된다고 느낄 때마다 틈틈이 한의원에 와서 침, 뜸 치료를 함께 받았고요. 운동도 무리하지 않고 몸 상태에 맞게 적절히 했습니다. 그렇게 3개월 정도 관리를 하고 나니 눈에 띄게 증상이 좋아졌습니다.

이처럼 여성에게 자궁과 난소는 지금 나의 건강 상태를 알려 주는 소중한 기관입니다. 자궁과 난소가 아프면 몸 전체에 영향을 끼치고, 거꾸로 다른 곳이 약해져도 자궁과 난소가 타격을 받습니다. 그렇기 때문에 자궁과 난소는 폐경이 되고 난 후에도 여전히 관리할 필요가 있습니다. 이미 가임기가 지났으니 있으나 마나 한 쓸모없는 장기라고 생각하면 안 됩니다. 복부와 허리, 하체 부분의 기혈이 잘 순환되도록 적절하게 운동을 하고, 잠도 충분히 자며, 균형 잡힌 식생활을 하는 것이 중요합니다. 자궁은 스트레스에 아주 예민한 기관이기 때문에, 마음을 편안하게 유지하려는 노력도 필요합니다.

자궁에 좋은 약재들과 올바른 좌훈 사용법

생리대를 비롯해 씻을 때 사용하는 여성 청결제 등 여성 용품에
도 약재를 다양하게 활용하고 있습니다. 약재는 크게 두 종류로 나
눌 수 있습니다. 첫 번째는 쑥, 당귀, 천궁, 익모초 등 여성에게 좋다
고 널리 알려진 약재이고 두 번째는 사상자, 어성초, 백지, 박하, 정
향 등 살균, 살충, 해독 작용을 하는 것들이죠.

여성 생식기를 튼튼하게 하는 약재들

이 중 여성 생식기 건강에 좋아서 여러 제품에 활용되는 약재 몇
가지를 소개하겠습니다. 먼저 쑥입니다. 쑥은 따뜻한 성질을 가지
고 있는데 자궁을 비롯해 복부가 차고 허약할 때 특히 좋아요. 생
리통이나 생리 불순, 질염, 대하증 등에 두루 쓰입니다. 어혈을 없

애고 혈액 순환을 도우며, 자궁 출혈 외에도 코피, 토혈, 각혈 등 각
종 출혈을 잡아 주는 효과도 있죠. 또한 항균 작용을 해서 습진이
나 피부염에도 쓰면 좋습니다. 그래서 여성 청결제, 좌훈 하면 가장
먼저 떠올리는 약재가 쑥입니다.

당귀는 뿌리를 약재로 씁니다. 잎은 쌈 채소로 애용되니 익숙할
겁니다. 당귀는 혈을 보하는 효과가 뛰어나고 혈액 순환을 촉진하
며 출혈과 통증을 멎게 합니다. 생리를 고르게 하고 자궁 건강에도
좋아요. 혈이 부족해서 오는 빈혈, 두통, 관절염 등 다양한 질환에
응용할 수 있어 여성 건강을 말할 때 빼놓을 수 없는 중요한 약재
죠. 진정 작용이 있어 신경쇠약증에도 도움이 되고, 대변을 통하게
해 변비 해소에도 좋습니다. 여성 질환뿐 아니라 타박상의 회복에

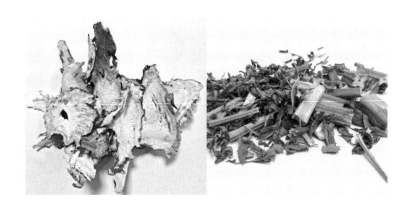

당귀(왼쪽)와 익모초(오른쪽)

도 도움이 되어 교통사고 후유증 치료에도 많이 쓰입니다.

익모초는 임신하지 못할 때 그리고 출산 후 회복할 때 복용하면 좋다고 알려져 있죠. 그만큼 생리를 고르게 하고 생리 대사를 원활히 하는 데 이로운 약재입니다. 고려 시대에는 '목비야차(目非也次)', 조선 시대에는 '암눈비얏'이라고 불렸답니다. 눈 목(目) 자나 '눈'이란 글자가 들어가 있는 것만 봐도 알 수 있듯이 눈 건강에 좋은 약재로 오랜 세월 사랑받아 왔습니다. 익모초의 씨앗을 충울자(茺蔚子)라고 하는데, 특히 눈을 밝게 하는 효과가 뛰어납니다.

사상자는 신장의 양기를 돋우어 성기능을 향상시키는 데 도움이 됩니다. 발기부전, 불임 치료 등에 쓰입니다. 살균, 살충, 항염 작용이 뛰어나 습진, 알레르기 등의 피부 질환에도 좋으며 특히 트리코모나스 질염 치료에 도움이 됩니다. 이 질염은 대부분 성관계로 발생하고 전염성이 매우 큽니다. 드물게는 목욕 수건이나 화장실 변기, 수영장 등을 통해 감염되기도 하죠. 이 질염에 걸리면, 황록색 대하가 많이 나오는데 이때 거품, 악취가 동반되고 외음부가 가렵고 작열감도 느껴집니다. 아랫배가 아프거나 소변을 눌 때 통증도 느껴지고요. 물론 무증상인 경우도 많습니다.

마지막으로 어성초(魚腥草)는 그 이름에서 알 수 있듯이 비린내가 나는 특징이 있습니다. 약모밀, 즙채로도 불립니다. 아토피와 탈모에 좋다고 해서 화장품을 비롯해 샴푸, 비누 등 목욕 용품에 많이 쓰입니다. 살균, 소염, 해독, 해열 작용이 뛰어나 요도염, 방광염, 폐

렴, 치질, 무좀 등 여러 질환에 다양하게 활용됩니다.

이 약재들은 좌훈을 할 때도 많이 이용됩니다. 좌훈은 약을 태울 때 생기는 연기나 약을 끓일 때 생기는 김을 이용하는 훈증법 중 하나인데요, 보통 자궁·난소가 약하거나 질염·대하증·요도염 등 여성 질환이 생겼을 때 활용됩니다.

'여성의 감기' 질염

냉은 질 분비물입니다. 정상적인 냉은 투명하고 냄새가 별로 없으며 약산성이지요. 주로 에스트로겐 자극에 의해 나타나는 생리적인 현상으로 배란기나 생리 전, 임신한 경우에 증가합니다. 생리 주기에 따라 호르몬도 변하는데 그로 인해 질액의 양뿐 아니라 점성, 산성도, 포도당 농도 등이 달라집니다. 질액에는 항체가 있어 바이러스, 세균으로부터 신체를 보호하고 물리적으로도 오염 물질을 씻어 내는 역할을 해요.

하지만 질이나 자궁경부에 염증이 생기면 비정상적인 냉이 생깁니다. 염증 원인은 여러 가지입니다. 칸디다균, 트리코모나스균 등에 감염되는 경우도 있고, 세균에 감염되는 경우도 있으며, 호르몬 변화로 인한 위축성 염증이 생기기도 합니다. 자궁경부암 등에 걸렸을 때도 생기고요.

감염되는 질염 중 가장 흔한 것이 칸디다 질염이에요. 이 질염은 곰팡이균인 칸디다균에 의해 발생하는데, 성관계 때문에 생기는 질환은 아닙니다. 정상적인 질에는 주로 젖산균(유산균)이 많은데, 이는 질을 산성으로 유지해 병균이 자라지 못하게 하려는 것이죠. 하지만 정상 균이 줄어들면 칸디다균이 많아져 질 내의 균형이 깨집니다. 이때 칸디다 질염이 생기는 겁니다. 당뇨병 등을 앓아 면역력이 약해질 때나 장기간 항생제나 경구피임약(먹는 피임약)을 복용할 때도 생길 수 있어요. 항생제는 정상 균이 서식하는 것을 억제시키고, 경구피임약은 에스트로겐을 증가시켜 질 내 환경에 영향을 미치기 때문이지요. 20~40대 여성에게 칸디다 질염이 많은 이유 역시 에스트로겐을 많이 분비하는 연령대여서입니다.

칸디다 질염에 걸리면 비지, 치즈 같은 짙고 하얀 분비물이 많이 나오고, 외음부가 심하게 가렵거나 통증이 느껴지고 부종, 염증이 나타납니다. 소변이 자주 마렵거나 소변을 눌 때 통증이 느껴지기도 하고, 성관계를 할 때 통증이 느껴지기도 합니다.

세균성 질염 역시 기존의 질 내 균형이 깨지면서 생기는 흔한 질염입니다. 이 질염은 질 내의 산성도를 유지하는 젖산균이 없어지고 그 자리를 100~1000배 정도 증식한 혐기성 세균이 채우는 감염증이에요. 원인으로는 복잡한 성관계, 잦은 뒷물(질 세척) 등을 꼽을 수 있습니다. 생선 비린내가 나는 질 분비물이 특징입니다. 칸디다 질염과 달리 가려움증은 별로 없어요.

위축성 질염은 주로 폐경 이후 여성호르몬이 감소하면서 생깁니다. 여성호르몬은 질 내 환경을 유지하는 데 중요한 역할을 합니다.

그런데 이런 여성호르몬이 폐경 혹은 난소 제거술 등의 이유로 부족해지면, 질 점막이 얇아지고 쪼그라들며 정상적인 질의 점액과 분비물 역시 줄어들어 건조해집니다. 그러면 성교 시 출혈이 쉽게 생기고 세균에 감염될 가능성도 커집니다. 질 부위가 붉게 변하고 가려움증이 심하며, 악취를 동반하는 황색의 질 분비물이 나오는 것이 주요 증상입니다. 여성호르몬 감소가 원인이기 때문에 이 질염은 전염되지는 않습니다. 폐경 이후에 잘 걸리기 때문에 40대 이후에서 많이 생깁니다. 이외에도 다양한 병원균과 전염병으로 인해 질염이 생깁니다.

많은 여성이 일생에 한번은 질염을 겪습니다. 그래서 질염을 '여성의 감기'라고도 하지요. 무증상인 경우도 있지만, 대개 불쾌하고 불편한 증상을 동반합니다. 게다가 증세가 심해지면 질 내부의 산성도가 달라져 임신 가능성이 낮아질 수 있고, 자궁이나 난소에까지 염증이 생기면 자칫 불임이 될 수도 있습니다. 임신 시 아기에게도 좋지 않고요.

감염되는 질염은 대부분 원인균에 따라 항생제나 항진균제로 치료하고, 위축성 질염은 부족한 에스트로겐을 보충해 주는 연고나 약을 사용합니다. 하지만 재발이 잦아 치료를 미루거나 아예 치료하지 않고 방치하는 여성도 많습니다. 질염을 방치하면 골반염, 방광염 등 다른 질환으로 발전할 수 있는 만큼 적절한 치료와 관리가 필요합니다.

좌훈 올바르게 사용하는 방법

질염을 예방하려면 몸에 꼭 끼는 하의(특히 바지)나 합성섬유로 만든 속옷은 입지 않는 것이 좋습니다. 습한 환경에서는 균이 쉽게 증식하니까요. 외음부를 중심으로 하복부부터 허벅다리까지는 통풍이 잘되는 옷을 입는 게 좋습니다. 하지만 매번 이런 옷만 입을 수는 없으니 다른 방법을 찾아봐야겠지요. 평상시 기혈이 잘 순환될 수 있게 하복부를 따뜻하게 관리해 주는 겁니다. 그 방법 중 하나가 좌훈입니다.

좌훈은 크게 건식과 습식으로 나눌 수 있어요. 건식은 마치 뜸처럼 불을 붙여 그 연기를 이용하는 것이고, 습식은 약재를 끓인 김(증기)을 이용하는 겁니다.

건식 좌훈(왼쪽)과 습식 좌훈(오른쪽)

간혹 찜질방이나 좌훈방 등에서 습식 좌훈을 하고 오히려 질염이 심해지는 분들이 있습니다. 여러 명이 같은 좌훈기를 써서 벌어진 일일 수 있습니다. 위생 관리가 잘되지 않는다면 오히려 균에 감염될 수 있는 것이죠.

건식과 습식 모두 10~15분이 적당하고, 아무리 길어도 30분은 넘지 않는 것이 좋습니다. 뜨거울수록 효과가 있으리라 생각해서 억지로 참아서도 절대 안 됩니다. 화상을 입을 수 있으니까요.

냉이 많고 외음부가 유독 습할 때는 습식보다 건식 좌훈이 효과적입니다. 하지만 습식 좌훈을 너무 자주 하지 않고, 좌훈 후 충분히 건조시켜 주면 대부분 문제가 없으니 미리 걱정할 필요는 없을 듯합니다. 증상에 따라 일주일에 1~3번 하면 충분합니다.

하복부를 따뜻하게 해 주는 것은 여성 질환을 예방하는 차원에서뿐 아니라 몸 전체의 순환과 건강을 위해서도 좋습니다. 질염만 보더라도, 스트레스를 받아 몸의 면역력이 떨어질 때 재발되곤 하는데요. 모든 질병이 그렇지만 특히 여성 질환은 몸 전체의 상태를 대변해 주는 경우가 많습니다. 체력이 떨어지고 몸이 힘들어지면 생리통이 심해지거나 생리 불순이 생긴다는 건 여성이라면 누구나 공감할 겁니다.

좌훈은 몸을 따뜻하게 해 줄 뿐 아니라 혈액이 잘 순환될 수 있게 도와줘 어혈이 생기는 것을 막아 줍니다. 혈액이 탁해지고 정체되는 어혈이 생기면 자궁근종, 난소낭종 등이 생길 수 있습니다. 어혈은 특히 여성 몸에 안 좋은 영향을 끼칩니다. 두통, 어깨 근육통 등 각종 통증을 심하게 하고 변비와 소화 불량도 생기게 합니다. 별다른 여성 질환이 없어도 건강을 위해, 피부 미용 혹은 다이어트를 위해서 좌훈을 꾸준히 하면 좋은 이유입니다.

아궁이에 불을 지펴 밥을 지어 먹던 시절에는 불을 때는 과정에서 자연스럽게 하복부를 따뜻하게 할 수 있었습니다. 요즘은 화장실 좌변기에서 간단히 건식 좌훈을 할 수 있게 하는 제품도 있고, 연기는 나지 않고 온열 기능만 있는 전자제품 좌훈기도 있어요. 아예 생리대처럼 속옷에 붙여 외음부를 따뜻하게 해 주는 패드 형태의 제품도 있고요. 자신에게 맞는 방법을 찾아 적절히 이용한다면, 건강에 한 걸음 더 다가갈 수 있을 겁니다.

유방암: 가슴에
화가 쌓이지 않게 조심할 것

유방암은 남자도 걸릴 수 있지만, 여성암이라고 합니다. 남성의 비율은 채 1퍼센트도 되지 않기 때문이지요.

유방암은 40~50대 여성이 가장 많이 걸립니다. 가장 흔한 증상은 딱딱하게 만져지는 종괴입니다. 그렇기 때문에 평소에 관심을 가지고 자가진단을 하기를 권하죠. 매월 정기적으로 한다면, 조기에 발견할 확률이 70퍼센트에 이를 정도로 높습니다. 생리가 끝난 후 3~5일에 하는 것이 좋고, 폐경 후에도 매달 꾸준히 해야 해요. 멍울이 만져지더라도 통증을 느끼는 경우가 드물고, 종괴가 있어도 암이 아닐 가능성 역시 큽니다. 이외에도 젖꼭지를 눌렀을 때 분비물이 있는지, 유두와 유방 일부분이 함몰되지 않았는지, 한쪽 가슴이 커지지는 않았는지, 귤껍질처럼 유방 피부가 변하지 않았는지 등을 꼼꼼히 살펴보는 것이 중요합니다. 귤껍질처럼 변했다는 것은 유방이 붉어지고 단단해지며 마치 구멍이 뚫린 것처럼 피부가 거칠어 보이는 것을 뜻합니다. 열감이 있는 염증성 유방암일 경우 나타나는 증상입니다.

X선, 초음파 검사 함께해야

만 40세 이상의 여성은 국가건강검진 대상자이기 때문에 무료로 유방 X선 촬영을 할 수 있습니다. 이 검사는 유방암을 진단하는 가장 기본적인 방법으로, 유방 석회화(유방 조직에 칼슘 성분이 들러붙어 있는 상태)를 찾을 수 있습니다. 하지만 우리나라 여성의 유방은 치밀유방(유선조직이 매우 치밀하게 서로 엉켜 있어 크기가 작은 종양은 발견이 어렵다)일 경우가 많아, X선 촬영만으로는 부족할 때가 있습니다. 그래서 초음파 검사를 함께하는 것이 좋습니다. 가끔 어떤 분들은 "초음파 검사를 받았으면, X선 검사는 군이 필요 없는 것 아닌가요?" 하고 물으시는데, 그렇진 않습니다. 석회화된 건 초음파 검사로는 발견되지 않으니까요. 이처럼 초음파 검사로 못 본 부분을 X선 검사로 찾을 수 있기 때문에 둘 다 하시길 권합니다.

유방암에 걸리는 원인은 유전(가족력), 방사선 노출, 음주 등이며, 여성호르몬(에스트로겐)과 출산, 수유 경험도 영향을 미칩니다. 앞서 언급했듯이 배우 안젤리나 졸리가 예방적 유방 절제 수술을 한 것도 BRCA1와 BRCA2의 돌연변이 유전자가 발견되었기 때문이죠. BRCA 유전자는 그 이름(BReast CAncer)처럼 유방암에 관계되는 유전자입니다. 하지만 이 유전자 자체는 모든 인간에게 존재하는 것으로 오히려 유방암이 생성되는 것을 막아 주는 작용을 합니다. 즉, BRCA1와 BRCA2는 종양 억제 유전자이죠. 하지만 이 BRCA에 돌연변이가 생기면, 암을 억제하는 본래의 역할을 제대로 할 수 없어 유방암에 걸릴 가능성이 커집니다. 물론, 이러한 BRCA 돌연변이 유전자가 있어도 유방암에 걸리지 않을 수 있고, 이 유전자가 없어도 유방암에 걸릴 수는 있습니다. 하지만 안젤리나 졸리처럼 어머니를 유방암으로 잃은 가족력이 있다면, 젊었을 때부터 정기 검진을 받고 일상생활에서 위험 요인을 피하는 것이 좋겠죠.

유방암은 에스트로겐 의존성 종양으로, 에스트로겐에 오래 노출될수록 걸릴 위험이 많습니다. 초경이 빠르거나 폐경이 늦어 생리 기간이 긴 경우, 출산 혹은 수유의 경험이 없을 때 유방암에 걸릴 가능성이 큽니다.

환경호르몬은 우리 몸이 아닌 외부에서 만들어지지만 몸속에 들어와 호르몬이 관여하는 내분비계를 교란하는 화학물질입니다. 자신이 마치 호르몬인 양 굴지요. 환경호르몬 중에서 특히 에스트로겐과 비슷한 작용을 하는 것이 있는데, 이를 제노에스트로겐이라고 합니다. 제노에스트로겐은 농약, 살충제, 방향제, 플라스틱 일회용 제품 등 우리 주변에 있는 수많은 물질에 존재합니다. 제노에스트로겐을 생활 속에서 줄이려면 유리그릇, 나무 도마 등을 사용하는 등의 노력이 필요합니다. 전자레인지를 사용할 때 특히 주의해야 하는데요, 랩을 씌우거나 플라스틱 그릇을 사용하는 것은 좋지 않습니다.

음식을 먹을 때도 환경호르몬을 줄이는 방법이 있습니다. 육류에선 특히 지방 부분에 환경호르몬이 많이 축적되어 있습니다. 그러므로 육류를 요리할 때는 살코기 부위 위주로 하고 기름을 사용하지 않는 조리 방법을 택하는 것이 좋습니다.

비만을 경계해야 하는 것도 호르몬과 관계가 있습니다. 비만이 에스트로겐의 대사 과정에 영향을 미치기 때문입니다. 더욱이 나이가 들수록 유방암에 걸릴 위험이 많으니 폐경 후에는 비만이 되지 않도록 더 조심해야 합니다.

경구피임약을 비롯한 호르몬제 역시 무분별하게 복용하지 않도록 주의해야 합니다. 여드름 치료를 위해 혹은 다낭성난소증후군이나 자궁내막증 같은 질환을 치료하기 위해 호르몬제를 복용하기도 하는데, 유방암에 걸릴 가능성이 있으니 자신의 상태와 증상에 맞게 적절하게 활용해야 합니다. 경구피임약을 장기간 복용하면 난소암, 자궁내막암 예방에 도움이 된다는 연구 결과가 있을 정도로 호르몬제는 다양한 여성 질환에서 치료제로 쓰이지만, 반대로 위험 요인으로도 작용할 수 있으니 신중하게 복용해야 합니다. 젊을 때는 저용량만 지키면 괜찮지만, 오랜 기간 복용하거나 나이가 들어서 호르몬제를 복용할 때는 유방암에 걸릴 위험이 많아지니 특히 주의해야 합니다.

음양 원리로 본 여성의 가슴

《동의보감》에 나오는, 여성의 가슴에 대한 흥미로운 내용입니다.

남자에게는 신(腎)이 중요하고 여자에게는 젖이 중요하다. 위아래가 같지 않으나 생명의 근본이 되는 것은 한 가지이다.

여성에게 가슴이 얼마나 중요한지 강조하면서 그 이유를 음양의 이치로 설명합니다.

여자는 음(陰)에 속하는데 음이 극도에 이르면 반드시 아래로부터 위로 올라와 유방이 커지고 음부는 오므라진다. 남자는 양(陽)에 속하는데 양이 극도에 이르면 반드시 위로

부터 아래로 내려가 음경은 늘어지고 젖꼭지는 졸아든다.

이때 신(腎)이란 신장을 뜻하는 한자이기는 하지만, 콩팥에 한정된 의미는 아닙니다. 한의학에서 신이란 정력과 생식 기능을 포함하는 좀 더 넓은 개념이자 생명의 근원으로 봅니다.

또한 위와 아래를 음양으로 나눌 때, 위가 양이고 아래가 음입니다. 위 인용문은 '음이 극에 달하면 양이 되고, 양이 극에 달하면 음이 된다'는 원리를 바탕으로 합니다. 추운 겨울이 지나면 따뜻한 봄이 오고, 더운 여름이 지나면 서늘한 가을이 오는 것과 마찬가지입니다. 춥다는 음의 성질이 극한에 이른 후 따뜻한 양의 성질이 싹터 봄이 되고, 더운 양의 성질이 점점 커져서 최고에 이른 여름이 지나면 찬 기운을 담은 음의 성질인 가을이 되죠. 이렇게 음과 양은 언뜻 보기에는 서로 반대의 성질 같지만, 서로 영향을 주고받으며 음이 양이 되고 양이 음이 되기도 합니다.

한의학에서도 스트레스는 만병의 근원

한의학에서는 유방암뿐 아니라 유방에 멍울이나 양성종양이 생기는 원인과 치료법에 대해서 이야기해 왔습니다. 기름진 음식을 먹어 습열(濕熱)이 생기고 이로 인해 담음이 가슴에 쌓이거나, 성내는 기운이 급격하게 몰려 유방이 뭉칠 수 있다고 경계했습니다. 기름진 음식은 기혈의 원활한 흐름을 방해하고, 축축한 습과 화열을 유발합니다. 이 때문에 몸속의 진액이 어떤 부위, 여기서는 가슴에 몰리면서 담음이 생깁니다. 담음이란 비정상적인, 몸에 해로운 진액을 말해요. 《동의보감》에서는 음식뿐 아니라 사람의 기분, 특히 분노하는 마음이 화로 바뀌어 가슴에 맺힐 수 있다고 봅니다.

> 부인이 근심하고 성내며 억울한 일이 오랫동안 쌓이고 쌓이면 유방 속에 멍울이 생기는데, 초기에는 기운을 통하게 하고 혈액 순환을 돕는 약을 복용하면서 생각과 감정을 조절해야 낫는다.

또한 유방의 증상을 다음처럼 분석하면서 나이가 들수록 주의해야 한다고 강조합니다.

> 월경이 있는 나이에는 경한 병이지만, 50~60세가 되어 월경이 없을 때에는 쉬운 병으로 여겨서는 안 된다. (…) 40세 이전의 부인은 혈기(血氣)가 잘 돌기 때문에 유옹이 생겨도 치료할 수 있지만 나이가 많아지면 혈기가 줄어들고 잘 돌아가지 않으므로 잘 낫지 않는다.

여기서 유옹은 유방에 생기는 종기 혹은 젖멍울을 말합니다.

한의학에서는 여러 가지 유방 질환에 응용할 수 있는 다양한 처방이 있습니다. 유방에 멍울이 생길 때는 백지와 패모가 들어간 지패산(芷貝散)을 자주 활용하고 유선종양, 유선염, 림프절염 등에는 십육미유기음(十六味流氣飮)으로 치료합니다. 청간해울탕(淸肝解鬱湯)은 간의 기운이 뭉쳐 유방이 단단하고 아플 때에 씁니다. 간의 기운이 몰리고 뭉쳤다는 것은 앞서 이야기한 것처럼 감정과 관계가 깊습니다. 한의학에서 분노의 감정은 오장육부 중 간과 관련이 깊은데, 근심하고 화내고 꾹꾹 눌러 참는 과정이 반복되면 간 기운의 소통에 문제가 생기지요. 이것이 오래되면 유방에 멍울과 종양이 생길 수 있습니다. 반대로 간 기운이 약하고 기혈의 소통이 잘 안 되면, 쉽게 가슴이 답답하고 화가 나며 우울해질 수 있습니다. 이렇게 몸과 마음은 서로 영향을 주고받습니다. 청간해울탕은 뭉친 간의 기운을 풀어 소통시켜 줌으로써 유방이 뭉친 것을 치료해 줍니다.

육체적인 문제뿐 아니라 정신적인 문제도 이렇게 건강에 직접적인 영향을 끼치는 만큼, 스트레스가 만병의 근원이라는 말을 다시 한번 새길 필요가 있습니다. 너무 흔한 말이지만 그건 그만큼 중요하다는 의미이기도 합니다. 특히 여성의 자궁과 난소 그리고 가슴(유방) 건강에 있어서는 더욱 그렇습니다. 스트레스를 안 받고 살 수는 없겠지만, 그것을 오랫동안 쌓아 두지 않고 그때그때 풀 수 있는 자신만의 방법을 찾아보면 좋겠습니다. 맛있는 음식을 먹거나 취미 생활을

가져 보는 것도 그 한 방법이 될 것입니다. 참으면 병이 된다는 말은
진실이니까요.

나잇살:
다이어트 잘못하면 근육만 잃는다

서른 후반을 지나 마흔에 접어들면서 눈에 띄게 달라지는 것이 있다면 평소처럼 먹는데도 이상하게 살이 찐다는 겁니다. 나잇살이라고 하지요. 나이 들어가는 것도 받아들이기 어려운데 몸까지 달라지니 우울감을 느끼는 분이 많습니다. 더욱이 여성들은 남성에 비해 호르몬 변화가 크기 때문에 급격한 변화를 느끼기 쉽습니다.

수많은 다이어트 약과 방법이 넘쳐 나지만, 결국 식사량을 줄이고 운동을 하는 것만큼 좋은 것은 없다는 교과서 같은 이야기만 돌아옵니다. 하지만 사람은 저마다 다르고, 그렇기 때문에 건강하게 다이어트를 하는 방법도 조금씩 다르다고 봐야 합니다.

사상체질별 다이어트 운동

먼저 다이어트를 하고 싶을 때 사상체질별로 어떤 운동을 하면 좋을지 살펴보겠습니다.

체질별로 살이 찌는 부위가 다릅니다. 어느 곳에 살이 더 잘 찌는지 관찰해 보면 자신의 체질을 더 쉽게 알 수 있을 겁니다. 우리나라에서 가장 많은 체질인 태음인의 경우, 전반적으로 골격이 큰 편입니다. 소화 흡수가 잘되고 에너지를 잘 축적하는 반면, 배출하고 에너지를 소모하는 능력은 상대적으로 부족합니다. 그렇다 보니 쉽게 살이 찝니다. 물만 먹어도 살이 찐다고 하는 사람들 중에 태음인이 많습니다. 게다가 태음인은 성격이 느긋하고 몸을 움직이기 싫어하는 성향이라 실제 비만 환자 중에도 태음인이 많습니다. 태음인인데 살을 빼고 싶다면 심폐 기능을 강화하고, 에너지 소모가 많고, 땀을 충분히 낼 수 있는 전신 운동이 좋습니다.

소음인은 체격이 작은 편이지만 상대적으로 하체가 발달했습니다. 체중이 늘어날 때도 다리나 엉덩이에 살이 찌기 쉽지요. 하체 비만이 많습니다. 땀이 나도 상쾌하기보다는 기운이 빠지는 느낌이 들기 때문에 운동을 한꺼번에 몰아서 힘들게 하는 것은 권하지 않습니다.

다이어트 계획도 장기적으로 세우고, 운동을 할 때도 자신의 체력에 맞는 것을 찾아 적당히 하는 것이 중요합니다.

소양인은 상체가 발달한 체질로, 팔이나 등에 살이 찌기 쉽습니다. 살이 쪄도 다리는 날씬한 경우가 많아요. 상대적으로 빈약한 하체를 단련시켜 주는 운동이 좋습니다. 성격이 급하고 쉽게 지루해할 수 있어, 음악을 들으면서 하는 운동이나 여럿이 함께 어울려 즐겁게 할 수 있는 운동을 추천합니다.

태양인은 사상체질 중에서 가장 비만 환자가 적습니다. 상체에 기운이 몰려 있어 상체와 목 부분에 살이 찔 가능성이 있지요. 허리가 약해서 오래 앉거나 서 있지 못하고, 비스듬히 기대거나 눕기를 좋아합니다. 오래 걷는 것도 힘들어합니다. 태양인에게는 위로 몰려 있는 기운을 아래로 내려 주고, 약한 척추와 하체를 강화할 수 있는 운동이 좋습니다.

양인(태양인, 소양인)은 모두 하체에 비해 상체가 발달해 있습니다. 상대적으로 다리는 가늡니다. 하지만 이것이 꼭 좋은 것만은 아닙니다. 우리 몸에서 가장 큰 근육은 다리와 엉덩이 같은 하체에 있으니까요. 더욱이 중년 이후에는 근육이 빠지기 쉽습니다. 하체 근육이 약해지면 관절염에 걸릴 위험이 높아져 그만큼 넘어질 가능성도 커지지요. 중년 여성은 특히 더 조심해야 합니다. 갱년기가 지나면서 호르몬의 영향으로 골다공증에 걸릴 수 있으니까요. 다이어트를 할 때 적절한 운동을 함께하지 않으면, 근육부터 빠져 건강에 적신호가

커지기 쉽습니다. 그렇기 때문에 하체가 약한 양인들은 하체 운동을
더 열심히 해야 합니다.

오장육부가 약해지면 살이 찐다

체질은 비만에 영향을 끼치는 선천적인 요인인데요, 이번에는 후
천적인 비만 원인을 살펴보겠습니다. 대표적인 몇 가지와 한의학에
선 그런 비만을 어떻게 치료하는지 알아보겠습니다.

그 전에 먼저 한의학에서는 살이 찌는 원인을 기본적으로 어떻게
보는지부터 말씀드리겠습니다. 몸의 균형이 깨지고 오장육부의 기
능이 약해져 신체 각 부분이 정상적인 역할을 제대로 해내지 못하
기 때문이라고 봅니다. 다시 말해 인체 내부의 대사 활동이 원활하
지 못해 기혈 순환에 문제가 생긴 부분에 더욱 살이 찌게 되는 겁니
다. 이렇게 보면 살찌는 것은 단순히 체중이 많고 적고의 문제가 아
닌 것이죠.

이제 본론으로 들어가겠습니다. 첫 번째 비만 원인은 식적(食積)입
니다. 식적이란 말 그대로 '음식이 쌓였다'는 뜻으로, 음식이 잘 소화
되지 못하고 정체되고 뭉쳐서 생기는 모든 증상을 이릅니다. 식적형
비만은 소화 불량 상태가 오랜 시간 계속되어 생기는데요. 이런 분
들은 배에 가스가 많이 차고, 트림이 잦으며, 체하기 쉽고, 더부룩함

을 자주 느낍니다. 누워 있을 때 배꼽과 명치의 중간 부분(중완 혈)을 누르면 다른 배 부분에 비해 딱딱하게 긴장되어 있고, 통증을 느끼기도 합니다. 비위의 기능이 떨어져서 비만이 되었기 때문에, 약해진 소화기관을 정상화시켜 주는 방향으로 치료합니다.

다음은 칠정으로 인한 것입니다. 칠정은 인간이 가진 일곱 가지 감정을 말하는데, 근본적으로는 스트레스로 인한 비만이라고 할 수 있죠. 감정의 기복이 많아지다 보면 기혈 순환이 나빠집니다. 특히 화나는 감정이 커지면 평소에 잘 먹지 않던 사람도 순간적으로 식욕이 상승해 폭식을 하게 됩니다. 정신이 육체에까지 영향을 미쳐 결국 살이 찌는 것이죠. 스트레스를 많이 받으면 작은 일에도 쉽게 화가 나거나 짜증이 나고, 자주 한숨이 나오고 가슴이 답답해집니다. 가슴의 가운데, 양 유두 사이에 있는 단중이라는 혈자리 부근을 누르면 통증이 느껴지고요. 이 혈자리는 화병을 진단할 때도 활용하는 곳입니다. 칠정으로 인해 살이 찐 경우에는 울화가 맺힌 곳을 풀어주고, 기혈이 막힌 곳을 잘 소통시키는 치료법을 씁니다.

이번에는 어혈로 인한 것입니다. 여성과 관련이 깊죠. 혈액이 잘 순환되지 않아 어혈이 생기면 살이 찌기 쉽습니다. 어혈이 있으면 생리통, 생리 불순 같은 여성 질환뿐 아니라 변비도 생깁니다. 이런 상태에 있는 여성은 주로 하복부와 하체에 살이 찝니다. 얼굴빛도 탁하고 어둡지요. 아랫배를 누르면 통증이 느껴지기도 하고요. 어혈을 없애고 혈을 보하는 방법으로 치료할 수 있습니다.

다이어트 약재, 마황과 대황

이렇게 살이 찌는 근본 원인을 파악하고 치료를 해 나가면 살도 빠지고 건강도 되찾을 수 있습니다. 하지만 단박에 살을 빼길 원하는 분이라면 이러한 치료 방식이 답답하게 느껴질 수도 있을 겁니다. 그래서 다이어트 한약을 찾기도 합니다. 보통 다이어트 한약에는 그야말로 체중을 줄이는 데 효과가 있는 좀 강력한 약재가 포함되어 있을 때가 많습니다. 그중 대표적인 것이 마황과 대황입니다.

마황은 원래 감기 증상이 있을 때 땀을 내어 치료하는 데 이용되는 약재입니다. 에페드린 성분이 함유되어 있어 교감신경을 흥분시킵니다. 마황은 기관지 평활근(가로무늬가 없는 근육)의 긴장을 풀어

마황(왼쪽)과 대황(오른쪽)

주어 천식을 진정시키고, 혈압을 높이고, 심장 박동 수가 빨라지게 하며, 땀이 나게 하죠. 커피를 마시면 심장이 두근거리거나 심박수가 빨라지는 것과 비슷한 느낌이에요. 몸에 불필요한 노폐물을 땀으로 배출하고 몸 안의 에너지 소비를 늘려 살을 빼는 원리입니다. 하지만 적정량을 복용해야 안전한 약재란 점은 꼭 기억해 두시길 바랍니다. 단기간에 살을 빼기 위해 많은 양을 먹으면 현기증, 구토, 고혈압 등의 부작용이 생길 수 있습니다.

다음은 대황입니다. 다이어트를 하려는 사람 중엔 이미 변비가 있는 경우도 있고, 다이어트를 하다가 변비가 생기는 분도 있습니다. 몸속의 노폐물을 내보내 몸을 가볍게 하는 데에 대변을 잘 보는 것만큼 중요한 것이 없지요. 대황은 변비 치료에 효과적인 약재입니다. 성질이 차서 몸 안에 과다하게 쌓여 있는 열을 내려 변비 외에도 혈압 상승, 안구 충혈, 코피, 피부 종기를 치료합니다. 항균, 소염, 항암 작용을 하고, 어혈을 없애고, 생리를 순조롭게 할 수 있게 돕지요. 하지만 몸이 차고 설사를 자주 하는 사람은 신중하게 복용해야 합니다. 또한 임신 전후에는 복용하지 않는 것이 좋고요.

체중 감량보다 '건강'에 방점을 찍어야

사상체질로 보자면, 마황과 대황은 모두 태음인에게 좋습니다. 어느 정도 체력이 뒷받침되고 체중에 많이 나가는 사람들에게 적당한 약재이죠. 그런데 표준체중이거나 심지어 그보다 더 마른 분들도 살을 빼길 원할 때가 있습니다. 이런 분들에게는 마황이나 대황 같은 약재를 많이 쓰지 않습니다.

참, 표준체중은 어떻게 계산할까요? 비만은 몸에 지방조직이 많은 상태입니다. 하지만 실제로 지방조직 양이 얼마인지 측정하기는 쉽지 않지요. 그래서 표준체중을 정해 놓은 겁니다. 표준체중을 구하는 방식은 여러 가지인데, 보통 키와 몸무게를 이용합니다. 키가 155센티미터 이하인 사람은 키(cm)에서 100을 뺀 수치를 보통 표준체중이라고 합니다. 160센티미터 이상에서는 110을 뺀 값이 표준체중에 가깝죠. 혹은 (신장−100)∗0.9 같은 수식으로 구하기도 하는데, 이때 표준체중보다 20퍼센트 이상 많이 나가면 비만이라고 합니다. 하지만 많은 분이 표준체중이 나와도 살이 쪘다고 생각하지요.

다이어트란 곧 살을 빼는 것으로 생각하기 쉽습니다. 하지만 사전적 의미를 살펴보면, '체중을 줄이거나 좀 더 건강해지기 위해 제한된 식사를 하는 것'을 뜻합니다. 즉, 다이어트의 근본적인 지향점은 건강이고, 이를 위해 영양분을 골고루 섭취하는 게 무엇보다 중요합니다. 그렇지 않으면 체중은 줄었는데 근육만 빠져 오히려 건강이 더 안 좋아질 수 있습니다. 중년이 되고 나이가 많아질수록 근육이 빠르게 손실되는 만큼, 양질의 단백질을 섭취하는 것은 필수입니다. 자신에게 맞는 운동도 병행하면서요.

자기 몸에 맞지 않는, 무리한 다이어트는 몸을 상하게 할 수 있습니다. 젊었을 때는 무리해도 금방 몸이 회복되지만, 나이가 들면 요원한 일이 됩니다. 다이어트를 할 때 좀 더 장기적으로 보고, 약이나 보조식품을 복용할 때도 신중하게 접근해야 하는 이유입니다.

노화:
고치법으로 늦춰라

　'고치(叩齒)'는 '치아를 두드리다'는 뜻입니다. 《동의보감》에서는 건강을 유지할 수 있는 다양한 방법을 소개하고 있는데, 그중 하나가 이 고치법입니다. 고치법은 아랫니와 윗니를 마주쳐서 소리가 나게 하는 것으로, 이와 잇몸을 튼튼하게 하죠. 이 마주치기를 30회 정도 하면 침이 생기는데, 이때 침은 모아 두었다가 3번에 나누어 삼킬 것을 권합니다. 일찍이 침은 금진옥액(金津玉液), 옥천(玉泉), 신수(神水) 등으로 불렸는데, 모두 침의 중요성을 강조한 말입니다. 《동의보감》에도 이런 문장이 있습니다.

사람은 늘 옥천을 삼키면 오래 살고 얼굴에서 윤기가 난다.

조선 시대 성리학자 퇴계 이황이 쓴 책 중에 《활인심방(活人心方)》이 있습니다. 도교의 양생 사상을 바탕으로 쓴 의학 서적인데, 여기서 '활인'은 '사람을 살리다'는 뜻입니다. 활(活)의 한자를 살펴보면, 물을 뜻하는 삼 수(氵) 변과 혀 설(舌)이 합쳐져 있습니다. 끊임없이 침[水]이 혀[舌]에 고이는 것은 살아 있다는 증거라는 데서 '살다'의 뜻이 나온 것이죠. 중국 명나라 때의 한의학 서적에서도 활(活) 자를 "침[舌水]이 사람을 살릴 수 있다"로 해석했습니다. 한편 설(舌) 자는 일천 천(千)과 입 구(口)로 이루어져 있는데, "천 모금의 침으로 사람을 살릴 수 있다"는 뜻으로 이어집니다.

아기들은 침 분비량이 많아 주르륵 흘리곤 합니다. 생후 2~3개월부터 침샘이 발달하면서 침의 분비량이 많아지는 겁니다. 반면 침을 삼키는 기능은 발달하지 않아 그렇게 흘리는 것이죠. 그런데 나이가 들수록 입속이 마르고 건조해집니다. 몸이 아프거나 병이 들면 더욱 침이 바짝 마릅니다. 마음이 불안할 때 역시 입 안이 바짝바짝 마르는 느낌, 누구나 한번쯤 경험해 보셨을 거예요.

침은 많은 일을 한다

한의학뿐 아니라 현대의학에서도 침은 중요한 연구 대상입니다. 침에는 소화 효소가 들어 있어 음식이 잘 소화되도록 돕는다는 건 많이 알려진 사실이지요. 하지만 침이 이 정도 역할만 하는 건 아닙니다.

우리는 하루에 1000~1500밀리리터의 침을 분비하는데 이 침들은 수분대사와 체온 조절에 관여합니다. 모기에 물려 빨갛게 부어올랐을 때 침을 바르기도 하는데, 이는 침에 항균 작용을 하는 물질이 들어 있기 때문이지요. 이처럼 침은 상처를 치유할 뿐 아니라 통증도 줄이고, 입 냄새와 충치를 예방해 주기도 합니다.

침 속에는 파로틴 호르몬도 함유돼 있는데 파로틴은 백혈구를 증가시키고, 혈당이 떨어지게 하며, 뼈 성장과 연골 발달을 촉진합니다. 혈관 벽의 탄력성을 유지시키고, 스트레스 저항력도 길러 줍니다. 이렇게 장점이 많다 보니 파로틴은 약에도 쓰입니다. 근무력증(근육의 신경 장애로 근육이 쇠약해지는 질환)·요통, 동맥경화·고혈압, 갱년기 장애 등에 사용되고 있습니다.

파로틴은 조직에 영양을 공급하고 조직이 잘 발육하도록 돕기 때문에 '노화 방지 호르몬'이라고도 합니다. 중년 이후에는 침의 분비량이 뚝 떨어집니다. 앞서 설명한 고치법을 통해 의식적으로 침이 나오게 하는 것도 노화 방지와 건강 유지에 도움이 됩니다. 음식을 먹지 않는 동안은 침이 거의 분비되지 않습니다. 즉 침은 분비되도록 자극을 주지 않으면 나오지 않는데 여기에 나이가 들면서 분비량까지 줄어들면 자연히 입 안이 점점 더 건조해지겠죠. 침은 맛을 느끼는 과정에도 영향을 주는데요. 그래서 침이 잘 나오지 않으면, 입맛도 없어지게 됩니다. 여러모로 침이 건강에 미치는 영향이 상당하죠?

수시로 윗니, 아랫니를 부딪쳐라

고치법을 할 때는 이왕이면 자세를 바르게 하는 것이 효과적입니다. 반가부좌를 튼 채 눈을 감고 마음을 가라앉히는 것이 좋아요. 이렇게 양미간 사이부터 코와 입, 배꼽에 이르기까지 몸을 일자로 꼿꼿이 하는 것은 경락의 흐름을 원활하게 하기 위해서입니다. 몸의 앞부분 정중앙을 지나는 임맥은 회음(항문과 생식기 사이)에서 시작해 아랫입술 아래 우묵한 곳인 승장 혈까지 이어져 있고, 몸의 뒷부분 가운데를 지나는 독맥은 꼬리뼈 아래인 장강 혈에서 시작해 정수리(백회 혈)를 지나 앞쪽의 이마와 인중(수구 혈)을 거쳐 윗입술 안쪽인 은교 혈에서 끝납니다.

이때 임맥과 독맥이 만나는 곳이 입과 회음부입니다. 입에서는 고치법, 회음부에서는 케겔 운동을 실천하면 경락이 소통하는 데 큰

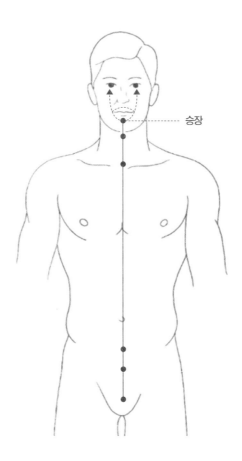

승장

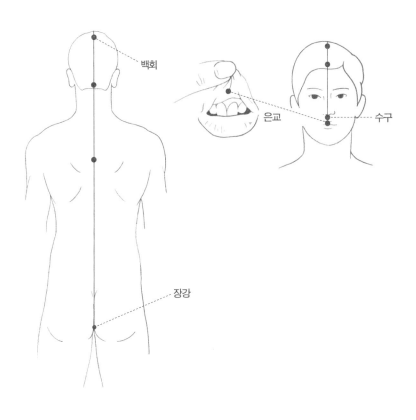

백회

은교

수구

장강

도움이 되겠죠. 임맥과 독맥이 이어지는 부분이 자극되면서 독맥이 지나는 뇌, 척추, 회음부부터 임맥이 지나는 뱃속의 장부까지 기운이 원활히 흐르게 될 테니까요.

침에 구체적으로 어떤 성분들이 들어 있는지, 케겔 운동을 할 때 어떤 근육이 강화되는지도 중요하지만, 한의학적으로 보았을 때는 경락이란 기와 혈이 운행하는 통로라서 이러한 경락이 잘 소통되는 것이 무엇보다 중요합니다. 경락 중에서도 몸의 한가운데를 지나는 임맥과 독맥이 중요하고요. 요가나 명상을 할 때 바른 자세를 하는 것도 이런 사실과 관련이 깊습니다.

중년으로 접어들면서는 근육통이나 관절염 혹은 다른 내장 질환 때문에 운동을 뜻대로 하지 못하는 경우가 많습니다. 하지만 고치법이나 케겔 운동은 누구나 무리 없이 할 수 있는 양생법이며 그 효과도 아주 좋습니다. 그러니 오늘부터 당장 시작해 보면 어떨까요.

숨 고르기
임맥과 독맥

임맥(任脈)은 몸의 앞부분 정중선에 분포된 경맥입니다. 여기서 임(任)은 '일을 맡다, 맡기다'의 뜻 외에 '임신하다'는 의미도 가집니다. 이렇듯이 임맥은 임신, 태아의 양육과 관련이 깊어요.

이 경맥에서 기혈이 원활하게 순환하지 못하면, 특히 생식기 관련 병증이 나타나기 쉽습니다. 남자는 음낭수종(음낭 안에 물이 고여 불룩하게 보이거나 만져지는 것), 고환·부고환염, 여자는 생리 불순, 자궁 출혈, 대하증, 불임증 등이 생길 수 있습니다.

독맥(督脈)은 몸의 뒷부분 정중선을 지나는 경맥입니다. 여기서 독(督)은 '감독, 지휘하다'는 뜻입니다. 머리와 목, 등을 거쳐 위에서 아래로 이어져 인체를 총감독한다는 의미를 띠지요. 이곳에 병이 생기면, 척추가 뻣뻣하고 아프며 머리가 무거운 증상이 나타날 수 있습니다.

4장

남성 질환:

건강을 자신해 건강을 잃기 쉽다

2019년 OECD 보건통계에 따르면, 2017년 자료를 기준으로 했을 때 한국인의 평균 기대수명은 82.7년입니다. OECD 평균보다 2년 정도 더 깁니다. 한국도 이제 세계적인 '장수 국가'에 속하는 것이죠.

그런데 성별로 보면 우리나라 남성의 기대수명은 79.7년으로 여성(85.7년)보다 6년 정도 짧습니다. 미국, 호주, 유럽에 비해 남녀의 차이가 큰 편이고요. 한국 남성의 주요 사망 원인은 간 질환, 폐암 등이고 질병뿐 아니라 교통사고로 사망하거나 자살하는 사람도 많은 편입니다.

이 장에서는 이런 데이터들을 토대로 한국 남성들이 잘 걸리는 질환들에 초점을 맞추려고 합니다.

본론에 들어가기에 앞서 한국 남성들의 건강을 해치는 것들에 대해서도 잠깐 언급하겠습니다. 먼저 비만입니다. 한국 남성의 비만율은 여성보다 높은데, 여성은 피하지방이 많은 반면 남성은 내장지방이 많아 남성이 비만일 경우에는 더 위험합니다. 비만은 고혈압으로 이어질 수 있으니 적당한 운동과 체중 관리가 필요합니다.

다음은 고혈압입니다. 여성은 폐경 이후 60~70대에서 고혈압 환자가 많은 반면, 남성은 30대 이후로 꾸준히 증가하는 경향을 보입니다. 고혈압은 심혈관과 뇌혈관 질환의 요인이 될 수 있어 결코 간과할 수 없는 증상입니다. 그래서 남성은 중년부터 비만과 혈압 관리에 더욱 신경을 써야 합니다.

흡연에 대해서도 말씀드리고 싶습니다. 한국 남성은 OECD 국가 중 흡연율이 가장 높습니다. 같은 폐암인 것 같아도 흡연으로 인한 폐암은 치료해도 예후가 좋지 않습니다. 여성은 담배를 피운 적이 없는 폐암 환자가 많아서 암의 진행 속도가 느리고 전이도 잘 안 되는 편인데, 담배로 인한 폐암 환자는 악성의 정도가 심한 경우가 많아 생존율이 낮습니다. 물론 여성이라도 흡연자라면 비슷한 결과를 얻게 되지요.

보통 남성은 여성보다 체력이나 근력이 강합니다. 그래서 나이가 들어서도 남성에 비해 여성이 잔병치레가 잦고 신체 여러 부위에서 통증도 많이 느낍니다. 그렇다 보니 병원도 더 자주 드나들게 되지요.

하지만 오히려 이러한 차이점이 남성의 병이 급격히 악화되고 평균수명이 짧아지는 이유가 되기도 합니다. 남성들은 건강을 자신한 나머지, 몸에 변화가 나타나고 병이 생기기 시작하는 초반에 병원을 찾지 않는 경우가 많아요. 그래서 이미 돌이킬 수 없는 지경으로 악화된 후에야 치료를 시작하게 되지요.

남성의 경우엔 관리만 잘하면 같은 나이대의 여성보다 더 건강한 경우가 많습니다. 남성들이 금연, 금주 등 건강 관리에 관심을 기울이고 노력하게 되면서 점차 성별 수명의 격차가 줄어든 통계 결과를 보더라

도 그렇습니다. 단순히 남성의 평균 기대수명이 짧다는 사실만으로 남
성은 여성보다 건강 상태가 나쁘다고 단정 지을 수 없는 이유지요.

간 질환:
"술을 자주 마시면 수명이 준다"

앞서 언급한 것처럼 한국 남성의 사망 원인 중 하나가 간 질환입니다. 특히 40대 남성의 경우, 암을 제외하면 간 질환이 사망 원인 1위입니다. 왜 이렇게 많은 남성이 간 질환에 걸리는 것일까요? 여러 원인이 있겠지만, 그중 가장 큰 이유는 과음입니다. 2013년의 데이터도 이러한 사실을 말해 주고 있습니다. 성별·연령별로 나누어 조사한 결과, 알코올로 인한 간 질환으로 고생하는 사람은 50대 남성이 가장 많았습니다. 남녀 전 연령대에서도 알코올성 간 질환 환자는 남성이 여성에 비해 6배 이상 많았습니다. 알코올성 간 질환이란 과도한 음주로 간이 손상되어 생긴 병을 말하는데 지방간, 간염, 간경변증 등이 대표적입니다. 젊을 때부터 시작된 음주가 40~50대 중년이 되면서 질병으로 나타나는 것이죠.

2016년을 기준으로 했을 때, 전 세계인의 3분의 1인 32.5퍼센트가 술을 마시며 이 숫자는 24억 명 정도입니다. 성별로 보면 남성은 39퍼센트, 여성은 25퍼센트입니다. 그리고 남성의 6.8퍼센트, 여성의 2.2퍼센트가 술로 인한 질병 때문에 사망합니다.

한국은 어떨까요? 2018년 통계청이 실시한 사회조사 결과, 1년 동안 술을 한 잔이라도 마신 사람은 약 3분의 2인 65.2퍼센트였습니다. 2년 전인 2016년 65.4퍼센트보다 조금 줄어든 정도입니다. 남녀로 나누어 보면 남자는 2016년 79.0퍼센트에서 77.4퍼센트로 1.6퍼센트포인트 줄었고, 여자는 53.4퍼센트로 2년 전에 비해 1.1퍼센트포인트 증가했습니다. 하지만 '거의 매일 마시는' 비율을 보면 남자는 6.9퍼센트, 여자는 1.8퍼센트로 남성이 4배가량 높습니다.

한국은 유럽 등 다른 나라들과 비교해 보면, 음주 인구 1명당 소비하는 알코올 양이 27.5리터로 상당히 많습니다. 유럽만 예로 들면, 다양한 연령대에서 남녀 모두 보통 맥주를 즐기기 때문에 음주 인구가 90퍼센트를 넘어도 1인당 알코올 소비량은 15리터 정도에 불과합니다.

WHO에서는 1일 알코올 섭취량을 기준으로 했을 때 남자는 60그램, 여자는 40그램을 넘게 마셨을 때 '고위험 음주'로 정의합니다.

고위험 음주란 과음, 만취, 폭음과 같이 건강에 해로운 수준의 음주량을 뜻합니다. 2010년 자료에 따르면 우리나라 음주 인구 중 약 18퍼센트가 이에 해당됩니다.

간에 치명적인 술

술은 많은 질병 원인으로 지목받습니다. 그중 술이 손상시키는 가장 대표적인 곳이 간입니다. 흔히 간을 '침묵의 장기'라고 합니다. 간은 70~80퍼센트가 손상돼도 자각하지 못하는 경우가 많은데, 일부만 남아 있어도 정상적인 역할을 할 수 있어서지요. 간암에 걸려도 통증이 심하지 않고, 간경변증 말기가 되기 전까지 별다른 증상을 느끼지 못하는 이유입니다.

간경변증, 간암으로 진행되는 만성 간 질환의 원인은 50퍼센트 이상이 만성 B형 간염입니다. 15~20퍼센트로 그다음을 차지하는 것이 알코올성 간 질환입니다. 하지만 자신이 알코올성 간 질환을 앓고 있다는 걸 모르는 사람이 많아 실제로는 더 많을 겁니다.

알코올성 간 질환 예방법

그럼, 알코올성 간 질환을 어떻게 예방할 수 있을까요?

일단 술을 줄여야겠지요. 어떤 술이냐가 아니라 술에 함유되어 있는 알코올 양이 간 손상의 정도를 결정합니다. 술마다 함유된 알코올 농도가 다릅니다. 제조사에 따라 조금씩 다를 수 있지만 대체로 위스키는 45퍼센트, 소주는 20퍼센트, 와인은 10~15퍼센트, 맥주는 4.5퍼센트입니다.

앞서 남자의 경우 한 번에 60그램 이상 마시면 위험하다고 했는데요, 이는 소주 1병 정도의 양입니다. 반면 보통 자신과 타인에게 해를 끼치지 않는 수준인 저위험 음주 양(WHO 기준)은 남자는 40그램, 여자는 20그램 이하입니다. 건강한 성인 남자의 경우 간에 부담을 주지 않는 알코올 양은 1회에 20그램입니다. 맥주 600시시(cc), 포도주 200시시 정도죠. 물론 간 기능이 약하거나 간 질환이 있는 분들은 이보다 적은 양이라도 간에 부담을 줄 수 있습니다.

술은 빈속에 마시기보다 식사 후에 안주와 함께 먹는 것이 좋고, 안주는 지방이 많은 것보다는 고단백질 요리나 과일이 좋습니다. 육류는 굽거나 튀기는 것 말고 찌거나 삶는 조리법이 좋고, 굴이나 조개 같은 해산물 요리도 좋습니다. 숙취 후 즐겨 먹는 콩나물국에는 비타민 C뿐만 아니라 식물성 단백질이 함유되어 있다는 점도 기억해 두세요. 또한 술은 오늘 마시면 내일은 쉬는 것이 좋습니다. 계속

이어 마시는 것은 금물입니다.

술을 많이 마시는 여성들이 증가하는 추세지만 아직은 남성이 더 많습니다. 알코올성 간 질환자 역시 남성이 더 많고요. 지방간의 경우 원인이 술이나 고기라고 생각하는 분이 많습니다. 그런데 평소에 술 한 잔 마시지 않는데 지방간이 생긴 분들도 있습니다. "내가 왜? 난 술도 안 마시는데?" 당황스러울 수밖에 없습니다. 이러한 비알코올성 지방간은 보통 비만, 당뇨, 고지혈증 등과 관련 있는 경우가 많습니다. 또한 영양이 심각하게 부족해서 또는 스테로이드나 여성호르몬제 등 약물 때문에 생길 수도 있습니다.

이런 이유로 오히려 알코올성 지방간 치료가 더 쉽다고도 합니다. 비알코올성 지방간은 체중 감량, 운동, 식이요법 등 생활 전반을 관리해야 하는 데 반해 알코올성 지방간은 술만 끊으면 완치될 수 있으니까요. 알코올성 지방간이 심하지 않을 때는 3~4개월가량 술을 끊으면 완전히 간이 정상으로 회복됩니다. 물론 애주가들에게 단주가 말처럼 쉬운 일은 아니지만요.

지방간이 있으면 간이 있는 오른쪽 상복부 쪽이 조금 불편하거나 그 부위에서 통증이 느껴지기도 하지만 대부분은 증상이 거의 없습니다. 보통 건강검진 때 발견되는 경우가 많습니다. 지방간은 간에 지방이 쌓이는 질환으로, 간에 지방이 5퍼센트 이상 차지했을 때를 이릅니다. 그 자체로 심각한 병은 아닙니다. 외국에서도 전체 인구의 20~30퍼센트가 지방간일 정도로 어찌 보면 흔한 병이기도 하지요.

다만 지방간염, 간경변증, 간암 등으로 발전될 가능성이 커서 조심해야 하는 것이죠.

가끔 "식사 때 곁들이는 반주 정도는 괜찮다", "와인은 건강에 좋다더라" 하며 간 질환이 있는데도 술을 끊지 않는 분들이 있는데요. 일단 무슨 술이냐에 상관없이 알코올 함량이 간의 손상을 좌우하기 때문에 알코올성 간 질환이 있다면 와인 한 잔도 안전하지 않다는 점 명심하세요.

한편 알코올 10그램 정도의 적은 양의 술은 도리어 허혈성 심장질환을 예방하는 데 효과가 있다는 연구 자료도 있습니다. 허혈성 심장질환은 심장에 혈액이 적절하게 공급되지 않는 질환으로 협심증, 심근경색, 심장마비, 심장돌연사 등이 여기에 속합니다.

하지만 적은 양의 알코올이라도 암, 뇌졸중 등 다른 질병에 걸리게 할 위험이 많고, 술을 많이 마시면 부상, 사고의 위험성 역시 있으니 실제로 술은 득보다 실이 더 크다고 봐야 할 것입니다.

숙취에 좋은 지구자와 갈근

사회생활하다 보면 술자리에도 자주 가게 됩니다. 이런 날엔 술 마시기 전이나 술자리가 끝난 뒤에 숙취해소제를 마시기도 합니다. 우리나라 숙취해소제 시장은 2018년에 벌써 2000억 원이 넘었을 정도로 그 규모가 계속 커지고 있습니다. 그만큼 많은 사람이 술을 마시고 있다는 증거겠지요.

숙취해소제로 이용되는 대표적인 약재가 헛개나무와 갈근입니다. 헛개나무는 주로 열매나 씨를 쓰는데 이를 지구자라고 합니다. 헛개나무는 술독을 풀어 줄 뿐 아니라 체내의 수분도 보충해 줌으로써 갈증을 없애고 대소변도 잘 나오게 해 줍니다. 구토가 나거나 가슴이 답답하고 열나는 것도 치료해 줍니다. 또한 헛개나무는 간이 손상되지 않도록 보호해 주고, 콜레스테롤과 중성지방도 감소시킵니다. 술을 너무 많이 마시거나 탄수화물을 너무 많이 먹거나 혹은 담배를 피우면 간에서 중성지방 합성이 늘어나고, 이는 심혈관계에 나쁜 영향을 끼칩니다.

지구자(왼쪽)와 칡뿌리인 갈근(오른쪽)

지구자는 술을 마신 후보다 마시기 전에 더 해독 효능을 발휘한다는 연구 결과가 있습니다. 헛개나무가 함유된 숙취해소제는 술을 마시기 전에 마시는 게 더 좋겠네요.

갈근은 콩과의 덩굴식물인 칡의 뿌리를 말합니다. 갈근은 근육을 풀어 주는 한편 땀이 나게 해 열을 내리는 작용도 합니다. 열이 나거나 감기에 걸렸거나 뒷목이 뻣뻣하거나 근육통이 있을 때 쓰면 좋은 약재지요. 갈근이 들어간 가장 유명한 처방이 갈근탕입니다. 그 밖에도 갈근은 고혈압, 심장 관련 질환, 당뇨 등 다양한 질병에 활용되고 있습니다. 사상의학에서는 태음인의 약으로 많이 쓰이지요.

이러한 갈근에도 술독을 푸는 효능이 있습니다. 칡의 꽃인 갈화 역시 술독을 풀고 술 때문에 상한 비위를 튼튼하게 해 줍니다. 술로 인해 가슴이 타는 듯 열이 나고 목이 마른 증상을 치료하고, 두통이나 어지럼증을 없애 주며, 구역감이 있어 신물이 나거나 토할 때도 속을 다스려 줍니다. 과음해서 어지럽고 밥맛이 없고 비위가 상할 때 쓰는 대표적인 처방이 갈화해정탕(葛花解酲湯)입니다. 술독을 땀이나 소변으로 빼 주는 약재(택사, 저령, 백복령 등)와 소화력을 좋게 해 주는 약재(백두구, 백출, 신곡 등)들이 포함되어 있지요. 요즘에는 알코올성 간 질환을 치료하는 데도 이 처방이 이용됩니다.

"술을 자주 마시면 수명이 준다"

한의학에서 술은 '습열독'이 있다고 봅니다. 그래서 갈화해정탕처럼 습열과 독을 풀어 주는 방향으로 약재와 처방을 구성합니다. '습'이란 장마철의 습한 날씨, 습기를 떠올리면 이해하기 쉬운데요. 우리 몸에 꼭 필요한 물인 진액이나 혈액과는 다릅니다. 성질이 무겁고 탁하지요. 비 오는 날 유독 몸이 무지근하고 관절이 아픈 것도 습 때문입니다. 습이 몸에 많이 쌓이면, 기가 원활하게 흐르지 못해 기운의 소통이 느려집니다. 그래서 습에 의한 병은 잘 낫지 않는데, 습이 움직이지 않고 한곳에 오랫동안 머물러 있기 때문이지요.

술의 열하고 독한 성질에 대해《동의보감》에서는 이렇게 설명하고 있습니다.

몹시 추운 때 바닷물은 얼어도 오직 술만 얼지 않는 것은 열 때문이다. 술을 마시면 정신이 쉽게 흐려지는 것은 그것이 독하기 때문이다.

하지만 술이 꼭 몸에 나쁜 영향만 주는 건 아닙니다. 열한 성질이 심장 박동과 혈액 순환을 빠르게 해서, 허혈성 심장질환에 걸릴 위험을 낮춰 주기도 하니까요.

독성도 꼭 나쁜 것만은 아닙니다. 실제로 약 중에는 독성을 가진 것도 많습니다. 의학(醫學)의 '의(醫)'에는 '유(酉)'라는 글자가 포함되어 있습니다. 이 글자는 '십이지 중 열 번째 지지인 닭'이라는 뜻 외에도 '술'이라는 뜻도 갖고 있습니다. 실제로 술을 약으로 이용하는 경우도 종종 있지요. 신선이 술에 취하지 않기 위해 먹었다는 숙취 예방약인 신선불취단은 《동의보감》에서 따끈한 술과 함께 복용하라고 되어 있습니다. 숙취를 예방하는 약인데도 술을 활용하다니, 흥미롭습니다.

하지만 술의 이로운 점은 어디까지나 술을 적당량, 적절히 마셨을 때 해당되는 것이겠죠. 담배를 피우는 것과 마찬가지로 술도 습관적으로 마시는 경우가 많습니다. 일단 마시기 시작하면 한 잔이 두 잔 되고, 두 잔이 석 잔 됩니다. 처음에는 기분 좋게 마시기 시작한 것이 점점 더 술이 술을 부르고 마지막에는 술이 사람을 잡아먹는 지경에까지 이르기도 하지요. 이렇게 과음, 폭음을 하면 술은, 장점은 흔적도 없이 사라지고 개인뿐 아니라 사회의 건강마저 해치는 골칫덩이로 전락하고 맙니다. 그래선지 《동의보감》에서도 갈화해정탕을 설명하는 부분에 다음의 말을 덧붙여 강조합니다.

이러한 약은 대체로 부득이한 경우에만 쓰는 것이므로 어찌 이것을 믿고 날마다 술을 마시겠는가. 만약 술을 자주 마시면 수명이 줄어들 것이다.

성기능 장애 질환:
신장 경락이 관건이다

    정력에 좋다고 하면 뭐든 씨가 마른다는 우스갯소리가 있죠. 그만큼 우리나라 사람들은 정력에 관심이 있다는 이야기인데요. 정력 하면 어떤 음식들이 떠오르시나요? 꼬리가 더 좋다는 장어? 카사노바가 즐겨 먹었다는 굴? 요강이 뒤집힌다는 복분자?

한의학에서 중요시하는 '정'

정력(精力)이란 말은 '남자의 성적 능력'으로 통용되지만, 실은 이보다 의미가 더 넓습니다. 정력은 에너지, 생명력, 심신의 활동력 등도 말하거든요. 특히 정력에서 정(精)은 한의학에서 매우 중요시하는 개념입니다.

《동의보감》에서는 정(精), 기(氣), 신(神), 혈(血)을 인체를 이루는 본질적인 요소로 봅니다. 이 중 '기'는 기운, 기력 등으로 이해하시면 됩니다. "기를 쓰고 힘든 일을 한다", "제대로 기 한번 못 펴고 저렇게 힘들게 사네", "기가 막혀서 말이 안 나오는구먼", "목소리가 큰 걸보니, 저 인간이 기가 살았군" 등 '기'에 대한 표현이 아주 많지요.

한편 '혈'은 말 그대로 피이고, '신'은 정신, 마음을 생각하면 됩니다. 마지막으로 '정'은 몸을 이루는 근본이자 뿌리로, '보배'로 여겼습니다. '정'이 들어가는 단어들을 살펴보면 이를 잘 알 수 있습니다. 정수(精髓)의 뜻은 '뼛속의 골수', '사물의 중심이 되는 골자나 요점'이며 정기(精氣)는 '천지 만물을 생성하는 원천이 되는 기운', '생기 있고 빛이 나는 기운', '사물의 순수한 기운'을 의미합니다.

남성의 '정자, 정낭' 그리고 암수의 생식 세포가 하나로 합쳐지는 '수정'에도 같은 '정' 자가 쓰입니다. 하지만 한의학에서 정은 이런 생식에 관한 의미를 포함해 더 큰 뜻을 품고 있습니다. 다음은 《동의보감》에서 정의 중요성을 강조한 문장들입니다.

— 사람에게 있어 보배롭게 여길 만한 것은 목숨이고 아
껴야 할 것은 몸이며 귀중히 여겨야 할 것은 정이다.

— 정을 간직하면서 허투루 쓰지 말아야 한다. 정을 보배
처럼 아끼면 오래 살 수 있다.

— 정이 가득 차면 기가 충실해지고 기가 충실하면 신이
왕성해진다. 신이 왕성하면 몸이 건강해지고 몸이 건
강하면 병이 잘 생기지 않는다. 속으로는 오장이 편안
하고 겉으로는 피부가 윤택하고 얼굴에 광채가 나며
귀와 눈이 밝아져서 늙어서도 더욱 건강하다.

이처럼 《동의보감》에서는 네 가지 인체 구성 요소 중 특히 '정'을 중요시했습니다. 일례로 《동의보감》에서 가장 먼저 소개하는 약이 경옥고인데, 경옥고 역시 '정'을 보하는 약입니다. 경옥고는 뇌척수, 골수 등에 부족한 정을 채워 줌으로써 근육과 뼈를 튼튼하게 하는 효능이 있습니다. 모든 손상된 것을 보하고 온갖 병을 없애, 흰머리가 검어지고 빠진 이가 다시 나고 걸어 다니는 모습이 마치 말이 달리는 것과 같아진다고 《동의보감》에서는 설명합니다. 실제로 빠진 이가 다시 나기는 어렵겠지만, 이가 흔들리고 쉽게 피곤해질 때 사용할 수 있죠. 경옥고는 머리카락이 일찍 하얘지는 노화도 막아 줘 무병장수의 대표적인 처방으로 널리 알려져 있습니다.

성기능 장애에 좋은 약재들

　보통 정력 하면 보양식(保養食)을 떠올리기 쉬운데요, 여기서 보양이란 몸을 잘 보호하고 길러 준다는 뜻입니다. 보약 하면 흔히 녹용이나 인삼을 떠올립니다. 인삼은 인체의 생리 기능을 활발히 해 주고 기력을 보해 주는 대표적인 약재이고, 녹용은 다양한 아미노산이 풍부하게 함유되어 있는 보약의 대명사이죠. 두 약재 모두 음경이 발기되지 않거나 발기되어도 단단하지 않은 발기부전에 사용할 수 있습니다.

　흔히 남자의 성적 기능을 '양기'라고 합니다. 이는 음양 중에서 양의 기운을 말합니다. 이 양(陽)을 보하는 약재를 꼽으라면, 녹용을 비롯해 두충, 호두, 동충하초, 구자(부추의 씨), 자하거(태반), 파극천(노니) 등이 있습니다. 2000년대 들어 유럽에서 '노벨 푸드'로 선정되면서 건강기능식품으로 인기를 얻고 있는 노니는 예로부터 한약재로도 쓰였습니다. 《동의보감》에서는 노니를 파극천(巴戟天)이라고 표기했는데, '땅에서 하늘을 찌른다, 하늘까지 힘이 솟구친다'는 뜻입니다. 파극천은 발기부전, 정액이 저절로 새어 나오는 유정(遺精) 등에 쓰입니다. 차로 즐겨 먹는 두충은 발기부전 외에도 소변이 자주 마렵거나 시원하게 나오지 않을 때 또는 다 눈 뒤에 방울방울 떨어지는 증상이 있을 때 쓰면 좋습니다.

보통 남성 성기능 장애라고 하면 발기부전과 조루를 먼저 떠올립니다. 조루는 사정 조절이 잘 안 되는 것으로 성교에 앞서 혹은 성교를 시작하자마자 조기에 사정하는 증상을 말합니다. 남성 성기능 장애 중 가장 흔합니다. 스트레스, 불안감 등 심리적인 원인도 있고, 중추신경계의 신경전달물질(특히 세로토닌)의 영향을 받거나 생식기 주변의 말초 신경이 과민할 때 혹은 전립선염, 요도염, 내분비선 장애 등이 있을 때 생길 수 있습니다.

발기부전은 성생활을 하기에 충분히 발기가 되지 않거나 발기를 유지할 수 없는 상태를 말합니다. 일시적으로 나타나는 것이 아니라 보통 3개월 이상 지속되면 발기부전으로 진단합니다. 발기부전 치료제로 가장 널리 알려진 것이 비아그라인데요. 발기부전 치료 시 일차적으로 사용되는 약이기도 합니다. 하지만 두통, 어지럼증, 구역감, 안면홍조, 시야 흐림 등의 부작용도 보고되었으니 신중히 복용하는 게 좋습니다.

발기부전은 노화, 비만, 흡연·음주 등의 생활습관, 당뇨·고혈압·심뇌혈관 질환 등으로 인해 생깁니다. 이외에 소화기계·신경계·근골격계·생식기계 질환, 만성 신부전과 간부전, 만성 폐쇄성 폐질환 등 여러 병증과도 관련이 있습니다. 심리적인 것 역시 발기부전에 영향을 끼칩니다.

이렇듯 여러 정서적, 신체적 원인으로 인해 조루나 발기부전 등의 성기능 장애가 나타날 수 있으니 몸 상태를 전반적으로 건강하게 유지하는 것이 무엇보다 중요하겠지요.

성기능과 밀접한 신장

한의학에서는 성기능과 관련된 남성 질환을 오장육부 중 신장과 관련해서 설명합니다. 이때 신장이란 콩팥만 말하는 것이 아니라 생식 기관까지 포괄한 더 넓은 개념입니다. 앞서 이야기한 '정' 역시 신장에 저장되어 있습니다. 첫날밤을 앞둔 새신랑을 사람들이 붙잡아 놓고 발바닥을 때리는 장면을 사극에서 보신 적이 있을 겁니다. 발바닥의 가운데에 있는 용천을 자극하기 위해서인데요, 이 혈은 신장 경락에 속합니다. 그러니까 정력이 좋아져 첫날밤을 잘 치르길 바라는 마음에서 일부러 짓궂은 행동을 했던 거지요.

정력과 관련 깊은 용천

용천

정력에 좋다고 알려진 복분자, 산수유, 야관문도 모두 신장 경락으로 들어가 작용합니다. 특히 복분자는 신장의 양기(신양)를 보하는 효능이 있는데, 신양이 부족하면 발기부전, 유정 등 성기능 저하 외에도 몸이 싸늘해지고 숨이 차거나 허리와 무릎이 시큰거리는 증상이 나타날 수 있습니다. 복분자는 우리 몸의 보배인 정(精)이 밖으로 새지 않도록 잡아 주고 유정, 몽정, 유뇨 등에도 효과적입니다. 유정은 정액이, 유뇨는 소변이 저절로 나오는 병증을 말합니다. 복분자(覆盆子)는 '뒤집다'는 뜻의 '복(覆)'과 '동이(항아리)'를 뜻하는 '분(盆)'이 합쳐진 것으로, 말 그대로 복분자를 먹으면 소변 줄기가 세져 요강이 뒤집힌다는 얘깁니다. 그만큼 정력이 세진다는 뜻이지요. 이외에도 복분자에는 항염·항암, 노화 억제와 항산화, 동맥경화와 혈전 예방, 살균 등 다양한 효능이 있음이 보고되었습니다.

산수유는 간과 신장을 보익해 줌으로써 눈과 귀를 밝게 해 줘 회춘 효과가 있다고 널리 알려져 있습니다. 한의학에서 간은 눈, 신장은 귀와 관련이 깊습니다. 간과 신장의 기능이 좋아지면 눈앞이 뿌옇게 보이거나 귀가 울리고 잘 안 들리는 증상도 함께 나아집니다. 또한 산수유는 조루가 있거나 소변을 자주 보게 될 때, 야뇨증이 있거나 생리 양이 심하게 많을 때도 효과가 있습니다. 특히 산수유의 신맛은 수렴 작용이 뛰어나 정을 저장하고 땀을 멈추게 합니다. 수렴이란 '거두다, 모으다, 수축하다'는 의미를 가집니다. 정액도, 소변도, 생리도, 땀도 필요 이상으로 많아지면 우리 몸에 필요한 기운도 함께 빠지게 되겠죠. 신맛은 이렇게 빠져나가는 것을 거둬들이는 작용을 합니다. 부족한 기력을 보약으로 보충해 주는 것도 좋지만, 밑

빠진 독이라면 소용이 없을 거예요. 이런 측면에서 산수유는 정이 줄줄 새어 나가는 구멍을 수축해 막아 주는 중요한 역할을 합니다.

예전에는 발기부전, 조루 등 남성 성기능 장애 원인을 주로 심리적인 것에서 찾았습니다. 과거의 트라우마나 현재 마음 상태를 중요시한 것이죠. 물론 이런 측면도 무시할 수는 없겠지만, 점점 시간이 흐르면서 신체적인 곳에 더 원인이 있다는 사실을 알게 되었지요. 이제부터는 그저 마음의 문제일 뿐이다, 일시적인 성기능 장애이지 건강과는 크게 관련이 없다며 미뤄 두지 마세요. 몸의 다른 곳이 약해지진 않았는지, 아픈 곳은 없는지 전반적인 나의 몸 상태를 살펴보려는 노력이 필요해요. 성기능 장애라는 한 가지 질환만 살펴보아도, 마음과 함께 몸의 건강을 유지하는 것이 얼마나 중요한지 새삼 다시 생각하게 됩니다.

전립선 질환:
'허실'의 전략을 쓰면 좋다

전립선은 전립샘이라고도 합니다. 방광의 아래쪽에서 요도를 감싸
는 부생식선(호르몬이나 정자를 생성하지 않는 남성의 생식기관. 정자의 생존
에 필요한 물질을 분비한다)이지요. 전립선에서 분비되는 물질은 정액의
일부로, 이 물질들은 정자에 영양을 공급하고 정자가 활발히 운동할
수 있도록 도우며 수정 능력을 높입니다. 정액 특유의 냄새도 이 물
질들에서 생깁니다.

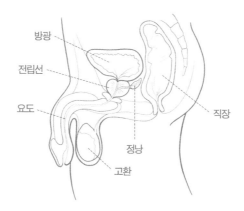

방광
전립선
요도
직장
정낭
고환

이 전립선에서 여러 질환이 생기는데요, 여기선 그 병들에 대해 자세히 알아보겠습니다. 먼저 전립선 비대증입니다. 전립선은 10~20그램의 호두알 크기입니다. 하지만 나이가 들수록 커져 요도를 누르기 쉬운데요, 이런 증상을 전립선 비대증이라고 합니다. 중년 이상의 남성에게는 흔한 질환이지요. 소변을 자주 보고, 소변이 금방 나오지 않거나 중간에 끊기고, 힘을 주어야 배뇨할 수 있는 등의 증상이 나타납니다.

전립선 비대증의 주요 원인은 노화와 남성호르몬 불균형입니다. 60~70대 남성의 약 3분의 2가 앓고 있을 정도로 나이와 관계가 많은 병입니다. 가족력도 영향을 미치고요.

전립선염 역시 흔한 전립선 질환 중 하나인데요, 성인 남성의 절반이 평생에 한 번 이상 겪는다고 할 정도입니다. 세균으로 인해 생기기도 하지만, 그렇지 않은 경우도 많습니다. 소변을 누기 어렵고, 밤에 화장실에 자주 가고, 갑자기 소변이 마렵고 참기 어려운 요절박 등의 증상이 나타납니다. 골반 부위나 허리, 생식기에 통증이 느껴지기도 합니다.

전립선암은 무증상일 때도 있지만, 소변을 자주 보거나 배뇨가 곤란해지는 등 전립선 비대증과 비슷한 증상을 보일 때가 많습니다. 그런 만큼 검사를 정확히 할 필요가 있습니다.

전립선은 생식기관이지만, 문제가 생겼을 때는 배뇨 관련된 증상으로 많이 나타납니다. 물론 성기능이 떨어지거나 성생활을 할 때 통증이 느껴질 수도 있습니다.

전립선 질환에 좋은 약재들

이처럼 배뇨 기능과 생식 기능은 밀접한 관련이 있고, 앞서 이야기했듯이 이런 기능들은 한의학에서는 크게 신장에 속합니다.

한의학에서는 보통 소변이 시원하게 나오지 않고 통증이 있다면, 열을 내리고 소변이 많이 잘 나오게 할 방법을 찾습니다. 목통, 차전자, 지부자 등이 대표적인 약재로 쓰입니다. 차전자는 질경이의 씨로

소변이 잘 나오지 않거나 소변 양이 줄었을 때, 소변은 자주 보지만 양이 적고 방울방울 떨어지면서 통증이 있을 때, 혈뇨가 나올 때 효과가 있습니다. 목통은 소변이 잘 나오게 하고, 염증을 없애며, 진균을 억제시키는 작용을 해서 몸이 붓고 소변이 잘 나오지 않거나 소변 색이 붉을 때 쓰면 좋습니다. 소변을 볼 때 타는 듯 화끈거리거나 통증이 있을 때 이런 증상을 완화하는 데도 효과가 있고요.

이러한 약재들은 성질이 차서 열을 내리고 염증을 없앨 때 효과적입니다.

전립선 질환에 좋은 처방들

전립선염에 쓰는 대표적인 처방이 팔정산(八正散)입니다. 여기에는 목통, 차전자, 구맥(패랭이꽃), 편축(마디풀), 활석, 등심초(골풀의 줄기 속) 등이 포함되어 있습니다. 이 약재들은 소변이 잘 나오도록 돕고 소변이 시원스레 나오지 않고 방울방울 떨어지면서 통증이 있을 때 쓰입니다.

하지만 이러한 처방으로는 증상이 나아지지 않는 분들도 있습니다. 배뇨 기능 자체가 떨어진 경우인데요, 다시 말해서 소변을 내보낼 기운이 없는 것이죠. 대부분 병이 오래된 만성 환자일수록 그런 현상이 두드러집니다.

이런 사람들을 한의학에서는 허실(虛實)의 개념으로 접근합니다. 허실 즉, 허증과 실증은 정기(正氣)와 사기(邪氣)의 성쇠(왕성하고 약한 것)를 말하는데요. 정기란 사기에 대한 저항력으로, 방어뿐 아니라 회복 능력까지 포함합니다. 면역력 역시 이러한 정기에 속하죠. 사기는 말 그대로 나쁜 기운입니다. 몸을 해치고 질병을 일으킬 수 있는 기운이죠. 하지만 사기가 곧 병으로 이어지는 건 아닙니다. 정기가 충분하면 사기가 침입하지 못하며, 만약 사기가 들어오더라도 병에 걸리지 않거나 금방 회복할 수 있으니까요.

또한 정기가 충만한 사람에게 사기가 들어와서 병이 되었다면 그 사기를 몰아내기 위한 직접적인 치료를 할 수 있습니다. 즉, 건강한 사람이 전립선에만 문제가 생겼을 때는 그 부분만 집중해 공격적으로 치료를 할 수 있겠죠.

기본 체력까지 감안하며 치료하는 한의학

하지만 정기가 약한 사람은 사기를 몰아내려고 아무리 강한 약을 써도 그다지 효과를 얻기 어려울 수 있습니다. 몸이 기본적으로 약한 사람이 전립선까지 안 좋아진 경우라면 앞서 소개한 찬 성질의 약을 오래 먹는 것은 몸 전체에 오히려 부담을 줄 수 있기 때문이지요. 이럴 때는, 즉 허한 사람에게는 신장의 기운을 보익하는 약을 쓰는 게 좋습니다. 예를 들어, 팔정산을 먹고 효과가 미미한 환자에게는 팔미환(八味丸, 육미환에 육계·부자를 더한 것)이나 육미환(六味丸)을 함께 처방할 수 있습니다. 팔미환은 신장의 양기(신양)를, 육미환은 신장의 음기(신음)를 더해 주는 약입니다.

신양(腎陽)이란 원양(元陽), 진화(眞火)라고도 합니다. 글자 그대로 해석하면 '으뜸이 되는 양기', '참된 불의 기운'이라는 뜻이죠. 신양은 신장이 기능하는 데 필요한 에너지이고, 더 나아가 몸 전체의 생명 활동에서 힘의 원천이 됩니다. 아랫배가 차면 소화도 잘 안 되고 생식 기능도 떨어지겠죠? 이렇게 신양은 마치 아궁이에 불을 지피 듯 우리 몸을 달구는 역할을 합니다.

신음(腎陰)은 신양과 상대되는 개념으로, 신장에 저장된 정(精)을 포함한 음액입니다. 음액이란 정과 피, 체액 등 신양이 기능하기 위해 필요한 기본 물질들이지요. 신음 없이 신양으로만 불을 땐다면, 물이 졸아붙어 타게 되겠죠.

사기에 맞서 싸울 수 있는 정기를 보태 주기 위해 부족한 신음 혹은 신양을 더해 주는 것은 정기가 허한 사람에게는 효과적인 치료법입니다. 이러한 접근법이야말로 한의학만의 큰 장점이라 할 수 있습니다. 아픈 곳을 고치려고 공격적인 치료만 한다면 체력이 약한 사람은 버티지 못할 수 있습니다. 빈대 잡자고 초가삼간을 태우는 격이 될 수 있습니다.

특히 나이가 들어 갈수록 병이 생겼을 때 '허실'의 균형을 잡아 가며 치료하는 것이 중요합니다. 노화가 진행되면 어떤 병이든 깨끗하게 씻은 듯이 낫기가 힘듭니다. 하지만 생활하기에 불편이 없고, 통증이 없는 정도로 나아진다면 삶의 질은 훨씬 좋아지겠죠.

전립선 질환은 나이가 들면 당연히 생긴다고 생각해서 치료를 소홀히 하는 경우가 많습니다. 하지만 증상이 오래되면 방광, 콩팥까지 나빠질 수 있으니 자신의 몸 상태와 증상을 함께 고려해 적절한 치료를 받기를 권합니다.

갱년기: 몸과 마음이 교통하는 곳 '심장'을 보해라

"나이가 드니까 자꾸 눈물이 많아지네요."

"요즘은 생전 안 보던 드라마 보면서 나도 모르게 울게 되더라니까요."

"글쎄 잘 모르겠어요. 밖에 나가기도 싫고 사람들 만나기도 싫고…."

이렇게 중년 남성들이 심리적인 변화, 더 나아가 우울증을 호소할 때가 종종 있습니다. 이런 얘기를 친구들에게 하면 "너 갱년기라 그런 거야"라며 웃어넘기더란 말도 전해 주시더군요.

갱년기라고 하면, 흔히 여성에 국한된 문제라고 생각합니다. 국어사전의 '갱년기 장애'라는 단어 풀이만 봐도 그 대상을 여성으로 한정 짓고 있지요. "갱년기의 여성에게 일어나는 신체적, 생리적 장애. 두통, 수족 냉감(冷感), 어깨 결림, 기억력 감퇴 따위의 증상이 나타난다." 여성의 경우에는 폐경과 함께 갱년기가 와서 남성에 비해 변화가 두드러지기 때문이 아닐까 싶습니다.

하지만 많은 남성이 갱년기 증상을 느끼고 그 시기를 힘들게 통과한다는 걸 이제는 간과하면 안 될 것 같습니다. 조사 결과에 따르면, 남성의 20~30퍼센트가 갱년기를 겪고 있다고 합니다. 실제로는 더 많으리라 예측합니다. 갱년기 증상을 피곤해서 잠깐 그러는 것이려니 하고 대수롭지 않게 넘기거나 외부로 드러내지 않고 혼자 감당하는 분도 많을 테니까요.

여성과 다른 남성의 갱년기

사람은 유년기, 소년기를 지나 성년기, 장년기에 이르고 갱년기를 거쳐 노년기에 이릅니다. 즉 갱년기란, 인체가 성숙기에서 노년기로 접어드는 시기를 말합니다. 개인마다 조금씩 다르지만 대부분 40~50대로 들어서면서 신체의 기능이 떨어지기 시작합니다. 여성은 폐경이 되면서 생식 기능이 없어지고, 남성 역시 성기능과 배뇨 기능이 떨어지죠.

　중년에 들어서면 몸이 예전 같지 않다는 걸 느낍니다. 20~30대에는 아무리 피곤해도 자고 일어나면 개운했는데, 이제는 아무리 긴 시간을 자고 일어나도 허리만 아플 뿐 몸은 계속 찌뿌둥하죠. 불과 몇 년 전만 해도 허겁지겁 인스턴트식품으로 끼니를 때워도 뒤돌아서면 바로 배가 고플 정도로 소화가 잘되었는데, 이제는 죽도 소화가 잘 안 될 때가 있습니다. 나이가 들면서 소화력이 점점 더 떨어지는 걸 절감하지요. 그래서 몸에 좋은 것을 챙겨 먹으려고 하지만 이미 굳어 버린 식습관을 고치기란 쉽지 않습니다. 술과 담배는 올해는 끊어야지, 내일부터는 진짜 끊어야지 결심하지만, 스트레스 푸는 방법으로 그만한 것을 찾기도 어렵습니다. 운동이라도 시작해 볼까 하면서 헬스장에 등록하지만, 갑작스럽게 시작하는 바람에 오히려 부상이 생겨 고통스럽기만 합니다.

　먹던 대로 먹고, 살던 대로 사는 것 같은데 몸은 젊은 시절의 회복력을 잃어 가기만 합니다. 잠을 푹 못 자는 것, 늘 체기가 있는 것처럼 속이 답답한 것 등 사소하지만 중요한 이 모든 것이 내 몸이 보내는 신호입니다. "더는 이대로는 안 돼!"라고 경계경보를 울리는 것이지요.

　남성 갱년기는 여성에 비해 서서히 나타납니다. 남성호르몬이 점차 줄어들면서 성욕이 줄어들고, 성기능이 떨어지는 것을 비롯해서 피로감이 더해지고 체중도 늡니다. 근육량은 줄어드는 반면 지방 양은 늘어납니다. 당뇨, 고혈압, 고지혈증 그리고 심혈관, 뇌혈관 질환에 걸릴 위험도 많아집니다. 감정의 변화가 커져 우울증에 걸리기도 쉽고요. 특히 비만, 당뇨, 고혈압, 간 질환이나 갑상선 질환을 앓던 분들은 남성호르몬 수치가 감소될 가능성이 큽니다. 이러한 질환이 없는 남성에 비해 그만큼 갱년기 증상을 심하게 겪을 수 있다는 말이지요.

　다음은 대한남성과학회에서 만든 갱년기 체크 리스트입니다. 1번 혹은 7번에 해당되거나 나머지 8개(2~6, 8~10번) 중 3가지 이상에 해당되면 갱년기를 의심할 수 있습니다.

　　1. 성적 흥미가 감소했다.

　　2. 기력이 몹시 떨어졌다.

　　3. 근력이나 지구력이 떨어졌다.

　　4. 키가 줄었다.

　　5. 삶의 즐거움을 잃었다.

　　6. 슬프거나 불안감이 있다.

　　7. 발기의 강도가 떨어졌다.

　　8. 최근 운동할 때 민첩성이 떨어졌다.

　　9. 저녁을 먹은 후 바로 졸음이 쏟아진다.

　　10. 최근 일의 능률이 떨어졌다.

하지만 위 증상들은 젊은 남성들에게서도 대부분 나타날 수 있어, 여러 가지를 함께 종합적으로 살펴봐야 합니다.

한의학에서는 심장을 본다

남성 갱년기와 여성 갱년기를 비교했을 때 크게 다른 점은 남성의 경우엔 정신적인 부분에서 큰 변화를 겪는다는 점입니다. 잠깐 생각해 봐도 여성은 폐경이란 큰일을 겪는 데 반해 남성은 이렇다 할 육체적 변화를 겪지는 않습니다.

한의학에서 심리적인 부분은 심장과 관련이 깊습니다. 심기(心氣)가 상하다, 심기를 불편하게 하다, 심기가 언짢다 등에서 말하는 심기(심장의 기운)는 마음, 기분을 뜻합니다. 이러한 심장의 기운이 부족해지면 마음이 약해지고, 즐거운 감정보다는 우울하거나 슬픈 감정이 더 강해집니다.

한편 우리 몸에서 신장을 물이라고 한다면, 심장은 불의 특성을 가지는데요. 갱년기에 얼굴로 열이 오른다거나 안면홍조 현상이 나타나는 것 역시 심장과 관련 있습니다. 또한 심장은 온몸의 혈관과 이어져 있습니다. 혈액 순환에 문제가 생기면 보통 손발이 차거나 저리는 것만 생각하기 쉽습니다. 하지만 혈관은 오장육부 모든 장기와 연결되어 있기 때문에 혈액이 원활하게 순환하지 않으면 몸의 전반적인 기능이 약해집니다. 소화 기능이 약해지고 만성적인 피로를 느끼고 관절염도 잘 낫지 않죠. 이는 온갖 병이 생길 수 있음을 뜻합니다. 즉 심장을 매개로 해서 정신적인 부분과 육체적인 부분이 서로 영향을 주고받는다는 걸 알 수 있습니다. 이런 심장의 중요성은 남성 갱년기에 특히 더 실감하게 됩니다. 육체적인 측면뿐 아니라 정신적인 부분을 관리하는 것 역시 중요한 이유지요.

갱년기 극복을 위해서는 직업과 무관한 다른 모임 등에서 활동을 하면서 기분 전환을 하는 것이 좋습니다. 열중할 수 있는 취미를 가지는 것도 큰 도움이 되겠지요.

한의학에서는 남성 갱년기를 어떻게 치료해 나갈까요? 기본적으로는 평소 가장 불편해했던 곳 위주로 치료를 해 나갑니다. 취약했던 부분이 갱년기와 함께 증상으로 나타나기 쉽기 때문이지요. 관절염, 소화 기능 약화, 성기능 저하, 배뇨 곤란 등이 대표적인 증상입니다. 이런 증상들을 치료해 나가면서 더불어 심장의 기운도 보해 줍니다. 그러면 심리적으로 안정되고 온몸의 혈액 순환이 좋아져 면역 기능을 조절할 수 있습니다.

중년 남성 환자분들에게 한약을 복용할 때 주의할 점을 말씀드리면 이렇게 불만스러워하는 대답이 돌아오는 경우가 종종 있습니다.

"좋아하는 술, 담배 하면서 건강해지려고 한의원 와서 비싼 돈 주고 한약 먹는 거지, 술하고 담배 안 좋은 거 누가 모르나요?"

"바쁘니까 몸 관리할 시간은 없고, 건강을 위해 최소한 할 수 있는 거라도 하자 싶어서 한약 먹으러 온 거예요."

환자분 입장에서는 충분히 그렇게 생각할 수 있습니다. "술, 담배를 줄여라, 건강한 음식을 먹어라, 과로하지 마라" 등 의사들이 하는 말은 우리 모두 다 아는 빤한 이야기죠. 다이어트를 할 때 음식량 줄이고 운동하라는 것처럼 원론적인 이야기이고, 잔소리처럼 지겨운 말이기도 하고요. 하지만 이왕 건강을 다시 찾고 싶어 시작하는 거니 조금만 더 참고 노력해 보는 게 낫지 않을까요. 그럼 훨씬 더 큰 효과를 얻을 수 있으니까요.

만병의 근원은 '피로'

건강 얘기 나온 김에 근본적인 질문을 던져 보겠습니다. 만병의 근원이 무엇일까요? 스트레스, 수면 부족, 면역력 저하 등 여러 가지를 꼽을 수 있겠지만 이보다 더 근본적인 것인데도 우리가 평상시에 쉽게 간과하고 넘어가는 것이 있습니다. 바로 피로입니다. 사람마다 견딜 수 있는 피로 양이 다릅니다. 어떤 이는 3~4시간만 자도 종일 활기차게 생활하는 데 반해, 어떤 사람은 두어 시간만 활동해도 극심한 피로를 느끼고 쉬고만 싶어 합니다. 먹는 것도 운동하는 것도 다 귀찮고 일단 눕고만 싶다고 하지요.

피곤한 상태는 그 정도에 따라 3단계로 나눌 수 있습니다. 첫 번째 단계는 피로입니다. 하룻밤 자고 나면 다음 날 회복될 수 있는 정도이죠. 피곤함을 느끼긴 하지만 푹 자고 나면 몸이 정상으로 돌아올 수 있는 수준이에요. 그다음 단계는 과로입니다. 피곤한 상태가 다음 날까지도 계속 유지되는 것이죠. 피로가 축적된 상태입니다. 마지막 단계는 '곤비'라고 하는데요. 원래 단어의 뜻은 '고달파서 힘이 없다', '아무것도 할 기력이 없을 만큼 지쳐 몹시 고단하다'입니다. 과로가 누적되어 단기간의 휴식으로는 회복될 수 없는 상태로, 이 정도면 생리적 범위를 넘어서 질병의 수준으로 들어선 것이죠.

하루 이틀 무리한 것은 회복할 수 있습니다. 더군다나 젊을 때는 회복 속도가 굉장히 빠릅니다. 하지만 중년에 들어서면 '이 정도는 괜찮겠지', '이제까지 괜찮았으니까 앞으로도 괜찮을 거야'라는 생각을 더는 하지 않는 것이 좋습니다.

어떤 문제라도 마찬가지겠지만, 건강도 참고 미루면 나중에 큰 병이 되어 돌아옵니다. 그리고 그때는 돌이킬 수 없죠. 살다 보면 일이 바빠서, 어쩔 수 없는 상황이어서 식사 때를 놓치고, 화장실 가는 것을 미루고, 쉬고 싶어도 쉬지 못할 때가 많습니다. 이렇게 사소한 것이 쌓여서 병이 됩니다. 비교적 병이 가벼울 때는 노력하면 이전의 몸 상태로 돌아갈 수 있지만, 이것도 말처럼 쉬운 건 아닙니다. 몸이 나빠져서 병이 들었다는 것은 이미 오랜 기간 내 몸이 참고 참다가 폭발한 거라고 봐야 하니까요. 그런 상태에서는 나빠진 시간보다 낫는 시간이 더 긴 것이 당연합니다. 그런데도 우린 이 시간이 답답하고 지루하죠. "왜 이렇게 안 낫는 거야? 이 정도 애썼으면 뭔가 좋아져야 하지 않나?" 화가 나기도 합니다. 그동안 자신이 몸을 어떻게 대했는지는 돌아보지 않고요.

아플 때 가장 두려운 것은 극심한 통증 혹은 불편함이 아닙니다. 다시 회복될 수 없다는 절망감입니다. 지푸라기 같은 희망조차 품을 수 없을 정도로 점점 더 나빠져 가는 내 몸을 지켜볼 때의 암담함을 상상해 보세요. 내가 노력해도 안 된다면, 심지어 노력할 수 있는 것이 하나도 남아 있지 않다면 그때는 육체적인 고통을 넘어서 정신적인 포기 상태에 이르게 됩니다.

"소 잃고 외양간 고친다"는 속담이 있습니다. 소를 잃기 전에 외양간을 고쳤다면 더 좋았겠지만, 조금 늦었더라도 소를 잃은 후에도 외양간은 고칠 수 있습니다. 다음 소를 또 잃지 않기 위해서 말입니다. 몸이 예전 같지 않고 안 좋다고 느껴진다면, 그때가 바로 건강을 회복할 기회임을 명심하면 좋겠습니다.

백세시대라면 그만큼 평균수명이 늘었다는 뜻인데, 냉정히 진단하면 노년기가 늘어난 겁니다. 100세를 기준으로 본다면, 인생의 반 이상이 중년과 노년기이죠. 갱년기(更年期)에서 '갱(更)'은 '(다시) 고치다, 개선하다, 변경하다, 바꾸다' 등의 뜻을 가집니다. 즉, 갱년기란 마치 2차 성징처럼 신체의 흐름에 큰 변화가 있는 시기입니다. 건강한 노년으로 가기 위한 길목에 있습니다. 누구라도 건강하지 못한 상태에서 오래 살기만 하는 삶을 바라지는 않을 거예요. 갱년기를 얼마나 잘 보내느냐에 따라 노화를 늦출 수 있고 이는 곧 노년의 건강과도 직결됩니다. 그러니 갱년기 증상, 가볍게 여기고 지나치지 마세요.

숨 고르기
혈자리 쉽게 찾는 법

경맥 그림을 보면 머리부터 가로젓는 분들이 있지요. 혈자리 이름도 낯선데 그 개수도 너무 많아 아찔해지는 겁니다. 하지만 혈자리 찾는 게 그렇게 어려운 일만은 아닙니다. 여기서는 우리 조상들의 지혜가 묻어나는, 혈자리 쉽게 찾는 법 두 가지를 소개하겠습니다.

골도법

먼저 골도법입니다. 등분법이라고도 하지요. 몸의 주요 부위를 기준으로 몸을 일정한 수로 등분하고, 각 등분 단위를 촌 혹은 치라고 합니다. 예를 들어 팔의 안쪽을 봅시다. 손바닥이 위를 향하도록 합니다. 이때 손과 아래팔을 구분하는 손목 주름(완횡문)이 있죠. 아래팔과 위팔을 구분하는 팔꿈치 주름(주횡문)도 있습니다. 이 사이를 12촌으로 보았을 때, '내관'은 손목 주름에서 2촌 위에 있는 혈자리입니다. 즉, 손목 쪽에서 2/12(=1/6)에 해당되죠. 이제 1/6에 해당하는 부분에 가로선을 긋고, 세로 선이 될 내관이 속한 경락을 살피면 됩니다. 내관은 심포경에 해당하기 때문에 손목 주름 중 대릉 혈이 위치한 점과 팔꿈치 주름 중 곡택 혈이 위치한 점을 잇는 선 위에 있습니다. 이 세로 선과 아까의 가로 선이 만나는 지점을 찾으면 곧 내관 혈자리이죠.

이때 내관이 손목부터 2촌이라고 해서, '1촌은 3센티미터 정도니까 2촌이면 6센티미터일 거야'라고 예측하면 안 됩니다. 키가 큰 사

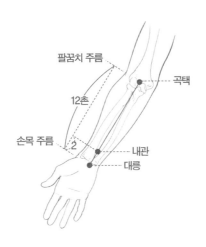

골도법으로 내관 찾기

람과 작은 사람, 성인과 아이가 있을 때 손목에서 6센티미터 위치는 각자 다르니까요. 센티미터(cm) 단위로 표시하면 쉽고 간단할 것 같지만, 획일적인 길이로 혈자리를 찾는 것은 오히려 정확하지 않아요. 그런 면에서 골도법은 해부학적으로 혈자리를 정확히 찾을 수 있는 방법입니다.

지촌법

다음으로 지촌법은 손가락을 사용해 길이의 단위를 정하고, 혈자리를 찾는 방법입니다. 지촌법에도 여러 측정법이 있는데, 여기서는 대표적인 두 가지만 소개하겠습니다.

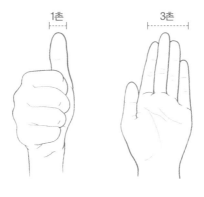

지촌법

269쪽 그림에서 볼 수 있듯이 엄지손가락 관절의 넓이를 1촌으로, 그 옆의 그림처럼 두 번째부터 다섯 번째 손가락까지의 너비를 3촌으로 정합니다. 이러한 방법은 한 사람을 놓고 볼 때 몸의 비율이 어느 정도 일정하다는 데에서 착안한 겁니다. 일례로 키가 큰 사람은 팔도 길고 손도 길쭉길쭉하지요. 물론 어떤 사람은 키는 작은데 손이 유난히 크거나 길 수도 있겠죠. 이 때문에 지촌법은 골도법에 비해 정확성은 떨어지지만, 좀 더 쉽게 측정할 수 있는 장점을 갖고 있습니다.

예를 들어, 삼음교 혈을 골도법으로 찾는다면 안쪽 복사뼈에서 정강이뼈 안쪽 뒤(음릉천 혈)까지 13촌인데 삼음교는 이 중 복사뼈

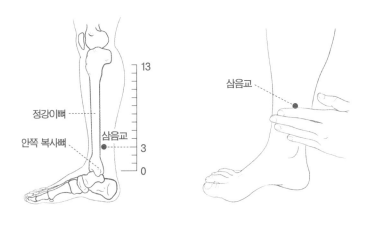

지촌법으로 삼음교 찾기

에서 3촌 위치에 있습니다. 삼음교는 비장 경락에 속하니 음릉천을 기준으로 세로 선을 그으면 됩니다. 그런데 13등분이라 3이란 숫자를 헤아리기가 쉽지 않습니다. 이럴 때는 복사뼈에서 가장 튀어나온 곳을 기준으로 삼아 두 번째부터 다섯 번째 손가락까지의 너비로 재면 훨씬 간단하게 삼음교를 찾을 수 있습니다.

이때, 주의할 점은 본인의 손가락을 기준으로 삼아야 한다는 겁니다. 만약 딸아이가 생리통이 심해 삼음교를 마사지해 주고 싶다면, 엄마의 손으로 삼음교를 찾을 것이 아니라 아이의 손가락 너비로 3촌을 정해야 한다는 것이죠.

5장

아이들 질환: "부인 열 명을 치료하기보다
아이 하나를 치료하기가 어렵다"

《동의보감》에 다음과 같은 문장이 있습니다.

 "남자 열 사람의 병을 치료하기보다 부인 한 사람의 병을 치료하기가 어렵고, 부인 열 사람의 병을 치료하기보다 아이 하나의 병을 치료하기가 어렵다."

 이는 아이들이 어른보다 큰 병이 있어서라기보다 자신의 증상을 제대로 표현하지 못할 때가 많기 때문입니다. 특히 아주 어린아이의 경우 불편함을 말로 할 수 없어 칭얼대고 보채며 울기만 합니다. 조금 더 큰 어린이들도 구체적으로 어디가 어떻게 아픈지 이야기하지 못할 때가 많고요.
 아이들이 어른과 또 다른 점은 아직 몸이 완성되지 않았다는 겁니다.

《동의보감》에 따르면, 아이들은 피부와 뼈가 연약할 뿐 아니라 오장육부도 튼튼하지 못하고, 경락은 마치 가는 실과 같아서 허해지기도 쉽다고 해요. 체온 역시 쉽게 오르내려 열이 났다가도 싸늘하게 식기도 하죠.

그렇기 때문에 아이들을 치료할 때는 조금 더 주의를 기울이고, 약을 처방할 때도 순한 약으로 기간도 너무 길지 않게 하는 것이 좋습니다. 특히 열이 많다고 해서 찬 약을 과감하게 쓰는 것은 조심해야 합니다.

한의학에서는 어린아이의 생리적 특징을 '순양지체(純陽之體)'라고 표현합니다. '순양(순수한 양기)의 몸체, 양의 기운이 강한 존재'라는 뜻이지요. 음양의 관점에서 보면 어린아이는 양의 기운이 우세하죠. 이는 아이들이 어른에 비해 성장과 발달이 빠르고 에너지가 넘치고 열이 많은 특징을 가지기 때문입니다. 그래서 소화가 안 돼도, 감기에 걸려도, 몸이 힘들어도 열이 나기 쉽고 체온도 급격히 올라갑니다. 이때 찬 약을 너무 많이 쓰게 되면, 양기가 상하니 주의해야 합니다. 성장과 발육을 담당하는 것 역시 양기이기 때문이죠.

이런 이유로 아이들의 약은 좀 더 순하게, 양도 적당히 해서 균형을 맞추는 것이 중요합니다. 나이에 따라 한 번에 복용하는 약의 양도 어른의 2분의 1, 3분의 1 등으로 적게 주어야 하고, 기간도 조절해야 합니다.

몸이 약한 아이들은 어른처럼 1제(20첩) 혹은 반제(10첩)를 기준으로 처방할 수 있지만, 그렇지 않은 아이들에게는 이보다 적게 지어 줍니다. 예를 들어, 네 살이면 4첩 정도의 분량이 적당하죠. 일반적으로 나이 그리고 체중 같은 신체적 발달 사항을 종합해서 첩수를 결정합니다. 또한, 한 번에 한 달씩 오랜 기간을 먹도록 하는 것보다는 계절별로 혹은 1년에 두 번 정도로 나누어 먹이는 것이 더욱 효과적입니다. 예를 들면, 네 살에 1제 먹고 일곱 살에 1제 먹는 것보다는 매년 1~4번씩 꾸준히 먹는 것이 더 좋습니다. 네 살 아이라면, 똑같은 20첩이라도 한 번에 먹는 것보다 2년에 걸쳐 4첩씩 5번을 먹는 것이 아이들이 먹기에도 지겹거나 물리지 않을 수 있어요.

대부분의 아이는 어른들과 달리 병이 없고 몸속에 쌓인 독도 없기 때문에, 적은 약으로도 충분히 효과를 얻을 수 있습니다. 하지만 어른들은 대부분 몸의 전반적인 균형이 깨지고 아픈 기간이 긴 경우가 많아, 회복되는 시간도 약을 먹는 기간도 긴 것입니다. 보통 어른들에게는 1제에서 3제 정도 복용할 것을 권하죠.

물론 아이들의 상태와 증상에 따라 약의 양은 달라질 수 있습니다. 집중적으로 치료해야 할 질환을 갖고 있거나 몸이 전반적으로 많이 허약한 경우에는 좀 더 오래 약을 복용해야 할 수도 있습니다.

식물이 싹을 틔우고 커 나가려면 물이 필요하듯이, 아이들에겐 정혈을 보해 주는 약이 좋습니다. 마치 나무에 물을 주듯 꾸준하게 말이지요. 겨울에 유난히 감기에 잘 걸리거나 힘들어하는 아이라면, 이러한 약을 겨울이 되기 전에 주는 것이 좋습니다. 이렇게 미리 준비를 해 두면, 그해 겨울은 훨씬 더 건강하게 보낼 수 있겠지요. 감기에 잘 안 걸릴 뿐 아니라 걸리더라도 수월하게 낫고 감기 등의 병으로 인해 체력이 떨어지거나 성장하는 데 영향을 받지도 않을 겁니다.

한의학에서 볼 때 해열제, 항생제, 소염제 등은 모두 찬 약이에요. 이런 약을 남용하면, 아이들의 양기가 꺾여 약해지게 됩니다. 물론 꼭 필요할 때는 복용해야 하죠. 하지만 증상이 약할 때도 약을 과하게 오랜 기간 복용하면 오히려 아이들의 면역 체계가 흔들릴 수 있습니다. 만성 비염, 알레르기에 시달릴 수도, 성장에 나쁜 영향을 끼칠 수도 있습니다. 그렇기 때문에 아이들에게 약을 줄 때는 조금 더 신중해야 합니다.

이 장에서는 아이들이 잘 걸리는 질환과 한의학에서는 그 질환들을
어떻게 치료하는지 알아보겠습니다.

성장 장애:
무엇보다 잘 자게 할 것

아이 당사자도, 부모님들도 키 때문에 고민하는 일이 많습니다. 겉모습이 전부는 아니라지만 이왕이면 성장기에 쑥쑥 커 준다면 얼마나 좋을까 하고 욕심을 접기가 어려워지는데요. 그래서 어떤 부모님들은 아이에게 성장호르몬 치료를 하고 다소 위험한 수술까지 감행하는 경우도 있습니다.

하지만 성장호르몬 치료가 의학적으로 효과를 보인 경우는 만성 신부전, 터너 증후군[여성의 성염색체에 엑스(X) 염색체가 하나밖에 없는 것으로, 여성의 특징은 지니고 있지만 난소의 기능 장애가 주된 증상이다], 프래 더-윌리 증후군(15번 염색체의 이상으로 발생하는 유전병. 작은 키, 비만, 학습 장애 등이 나타난다) 등 일곱 가지 병에서뿐입니다. 그런데 대부분의 아이는 이 병에 속하지 않죠.

물론 일곱 가지 경우가 아니라도, 성장호르몬 치료를 받을 수는 있어요. 하지만 거의 매일 주사를 맞아야 해서 아이들이 힘들어하고 스트레스도 많이 받습니다. 더욱이 건강보험 적용이 안 돼 비용도 많이 들지요. 어떤 아이들은 많이 크는 반면, 어떤 아이들은 효과가 미미한 등 개인마다 치료 효과도 다르고요.

아이가 또래보다 키가 작을 때, 부모님들은 당연히 걱정이 됩니다. '나중에 크겠지. 나도 그랬어' 하고 애써 넘어가려 하지만, 한편으로는 '혹시 영영 안 크면 어쩌지? 무슨 문제가 있는 건 아닐까' 하는 의구심을 떨쳐 내기 어렵습니다.

키가 자라지 않는 원인

아이의 키가 크지 않는 원인은 (질병이 없는) 정상적인 것과 병적인 것으로 나누어 살펴볼 수 있습니다.

저신장이란 단순히 키가 작다는 것으로, 나이와 성별이 같은 아이들 중에서 키가 3퍼센트 미만에 들 경우를 말합니다. 예를 들면, 100명 중 3번째로 작은 쪽에 속하는 것이죠. 이런 아이 대부분은 정상적인 저신장으로 다음의 두 가지 경우에 속합니다. 첫 번째는 유전적으로 작은 것으로, 부모의 키도 작습니다. 두 번째는 성장이 늦는 체질적 저신장으로, 어릴 때는 작다가 뒤늦게 크는 경우죠. 이런 아이들은 사춘기도 늦게 올 때가 많아요.

다음은 병적인 저신장입니다. 질병 등으로 인해 키가 자라지 않는 경우입니다. 이 경우는 원인을 잘 살펴봐야 합니다. 만성적인 폐 질환, 심장 질환, 소화기 질환 등 주요 장기에 만성 소모성 질환이 있거나, 갑상선 기능 저하증 등의 호르몬 문제가 있거나, 연골무형성증(연골의 뼈 형성 능력에 장애가 있어 뼈의 성장이 이루어지지 않는 질환) 같은 골격계에 이상이 있는 경우도 있죠. 이렇게 저신장을 일으키는 질병은 그 종류가 아주 많습니다.

키가 작은 아이 대부분은 질병 때문이 아니라서 미리 지나치게 걱정할 필요는 없습니다. 하지만 혹시라도 질환이 있다면 찾아서 치료를 해 주어야겠지요.

잘 먹고 잘 자는 것이 관건

아이들은 기운이 넘칩니다. 종일 놀아도 지치지 않습니다. 오히려 아이들을 돌보고 함께 놀아 주는 어른들이 먼저 지칠 때가 많은데요. 아이들은 이렇게 양기(에너지)가 넘치기 때문에 상대적으로 음기는 부족할 수 있습니다. 음기란 정혈(정과 피), 체액 등 인체를 이루는 기본이 되는 물질을 말합니다. 아무리 태양이 따뜻한 빛을 비추어도 충분한 물이 없으면 식물이 자랄 수가 없죠. 아이들도 마찬가지입니다. 아이들 스스로 양기를 충분히 가지고 있어도, 정혈이 부족하면 잘 자랄 수가 없습니다. 키가 크더라도, 그 안이 단단하게 채워지지 않아 체력이 약해질 수 있고요.

그렇다면, 어떻게 해야 정혈을 채울 수 있을까요? 정혈을 보충해 주고 성장에 영향을 미치는 중요한 것으로는 영양과 수면이 있습니다. 즉 영양분을 골고루 섭취하고 양질의 잠을 충분히 자는 것이 중요하죠. 한마디로 잘 먹고 잘 자면 되는 겁니다. 그런데 이렇게 아주 간단하고 당연한 일을 요즘 아이들은 누리기 어려울 때가 많습니다. 먹는 것만 봐도 대부분의 아이가 패스트푸드, 인스턴트식품에 길들여져 기름지고 달고 짠 음식을 찾습니다. 먹을거리는 예전에 비할 수 없을 만큼 풍부해졌지만, 영양가 측면을 따지면 탄수화물, 지방 등 한쪽으로 치우쳐 있는 경우가 더 많습니다. 또한 한의학에서는 다섯 가지 맛(신맛, 쓴맛, 단맛, 매운맛, 짠맛)이 각각의 역할을 하기에 서로 균형을 맞출 것을 권합니다. "입에 쓴 약이 몸에 좋다"는 말이 있죠. 대부분의 한약이 쓴 이유도 일상적인 음식에서 부족한 쓴맛을 보충하는 의미가 있습니다. 쓴맛이 나는 음식으로는 주로 야채가 있어요. 쑥, 냉이, 두릅 같은 봄나물을 떠올리면 그 맛을 이해하기 쉽습니다. 그런데 아이들은 이런 음식을 좋아하지 않죠. 그렇기 때문에 어른에 비해서 더욱 맛의 균형을 맞추기가 어렵습니다.

수면은 더욱 심각한 상황입니다. 대부분 아이가 밤늦도록 환한 불빛 아래 노출돼 있는 경우가 많습니다. 늦게까지 공부를 하거나 TV, 컴퓨터, 스마트폰을 봅니다. 잠자리에 드는 시간이 늦어지는 것도 문제지만, 수면의 질이 나빠지는 게 더 큰 문제입니다. 블루라이트를 내뿜는 전자 기기를 보다가 잠들면 수면 질도 좋지 않아요. 깊은 잠을 잘 때 성장호르몬이 분비되기 때문에 얕은 잠을 자는 아이들은 덜 성장할 수밖에 없죠.

숙면을 방해하는 것들

이외에도 아이들이 밤에 잠을 못 자는 원인에는 여러 가지가 있는데요.

첫 번째, 소화가 안 돼서입니다. 자주 체하거나 속이 답답할 경우, 잠자리에 들어도 금방 잠이 오지 않고 잠이 들더라도 얕은 잠을 자게 됩니다. 몸이 허약하거나 손발이 찬 아이들, 평상시 움직임이 많지 않고 조용한 아이들이 이럴 때가 종종 있어요. 성격이 예민하거나 자주 긴장하는 아이들도 자주 배가 아프거나 위와 장의 운동이 잘 이루어지지 않아 소화력이 약해져 깊이 잠들지 못합니다.

낮에 스트레스 받는 일을 겪었다든가 TV나 영화에서 무서운 장면을 보았을 때도 정서적으로 불안해져 밤에 놀라 깨는 일이 있습니다. 이는 보통 일시적인 현상으로 그칠 때가 많지만, 충격이 크거나 그런 일이 반복되면 수면의 질이 떨어지고 한창 클 나이일 경우 성장에까지 악영향을 미칠 수 있습니다.

비염이나 알레르기 천식, 아토피 같은 만성적인 질환이 있을 때도 잠을 잘 못 잡니다. 특히 호흡기계 질환은 폐와 심장 기능에 영향을 끼치기 때문에 더욱 안 좋습니다. 미세먼지, 황사 등 환경오염 탓으로 이러한 질환을 겪는 아이가 점점 많아져 걱정입니다.

유독 열이 많고 더위를 타는 아이들도 잠의 질이 좋지 않을 수 있습니다. 덥고 답답하다 보니 자꾸 이불을 차 버리는데 땀을 흘리다가도 몸이 금방 식어 감기에 걸리기도 합니다. 이렇게 체온이 급격하게 오르내리면 깊은 잠을 이룰 수 없겠죠.

한편, 특별히 신체적으로 불편한 증상이 없는데도 자는 시간을 아까워하고 심지어 잠자는 것에 대해 죄책감을 느끼는 아이들도 있습니다. 경쟁에 대한 압박감이 원인일 때가 많습니다. 안타까운 일이지요.

하지만 생존을 위해서 그리고 효율적인 삶을 위해 잠은 꼭 필요합니다. 종일 공부하고 노력해서 얻은 정보를 분류하고 정리해서 오랫동안 기억할 수 있게 해 주는 과정 역시 수면 시간에 이루어집니다. 또한 오랜 기간 수면이 부족할 경우에는 비만, 우울증, 심장병에 걸릴 위험도 많아진다는 점을 명심하세요.

숙면 환경 만드는 방법

연령별 권장 수면 시간이 있습니다. 나이가 어릴수록 충분히 자는 것이 중요한데요. 공부와 여러 활동을 하느라 적기에 잠자리에 들 수 없고 필요한 수면 시간을 채우기 힘든 아이들이라면 양질의 잠을 잘 수 있는 환경을 만들어 주려는 노력 역시 필요합니다.

불면증을 줄이고 밤에 양질의 잠을 자게 하려면 무엇보다 낮에 햇빛을 쬐는 외부 활동을 시키는 것이 좋습니다. 뇌에서 분비되는 수면 호르몬인 멜라토닌 합성을 위해서죠. 바쁜 아이들에게는 생각보다 어려운 일일 수 있지만, 낮에 30분 이상만 쬐어도 호르몬 분비에 도움이 되니 실천해 보면 어떨까요.

잘 때는 주변을 어둡게 하는 것이 좋습니다. 특히 전자 기기에서 나오는 빛은 눈뿐 아니라 뇌를 자극하기 때문에 수면 전에는 사용하지 않는 것이 좋습니다. 블루라이트는 기억력을 감퇴시키고 학습 능력을 떨어뜨리며 우울증, 비만 등 여러 질환을 유발할 수 있어 특히 아이들에게 해롭습니다.

각성 작용이 강한 카페인이 든 음료를 덜 마시게 하는 것도 필요합니다. 카페인은 커피, 홍차, 녹차 등의 차 외에도 아이들이 즐겨 마시는 에너지 음료에도 들어 있습니다. 졸음을 쫓기 위해 혹은 반짝하는 기운을 얻기 위해 이런 에너지 음료를 자주 마시게 되면, 카페인뿐 아니라 타우린, 당류를 지나치게 섭취하게 돼 여러 부작용을 겪을 수 있습니다. 이를테면 신경이 예민해지고 심장 박동이 불안해지며, 수면과 성장호르몬 분비에도 방해를 받을 수 있습니다.

불면증은 음양의 균형이 깨진 결과

한의학에서 불면증은 음양의 균형이 깨진 결과입니다. 밤낮을 음양으로 나누면, 태양이 떠 있고 우리가 주로 움직이고 활동하는 낮은 '양', 어둡고 고요한 밤은 '음'에 해당됩니다. 잠을 못 이루거나 잠에서 자주 깨고 깊이 잠들지 못하는 불면증은 양이 음에 비해 성한 현상으로, 양이 음에 비해 유난히 왕성하거나 음이 부족한 경우에 나타납니다. 성인에 비해 양기가 강한 아이들에게 정혈이 충분히 채워지지 않으면 불면증이 나타날 수 있습니다. 앞서 말했듯이 정혈은 음에 해당하기 때문이죠.

수면이란 낮 시간 활동으로 피로해진 몸과 마음이 휴식을 취하면서 회복되는 시간으로, 이때는 의식을 상실할 뿐 아니라 호흡과 맥박이 느려지고 체온도 떨어집니다. 이렇게 음의 기운이 지배하는 밤에 잠을 못 자면 그것만으로 음기, 즉 정혈이 생성되는 과정에 문제가 생기는데요. 불면증이 정혈 부족으로, 정혈 부족이 다시 불면증으로 이어지는 악순환은 아이들 성장에 악영향을 끼칩니다.

한의학에서 아이들에게 처방하는 대표적인 보약이 귀용탕(귀룡탕이라고도 한다)입니다. 발육이 느리고 면역 기능이 약한 어린아이에게 쓰는 약인데요, 당귀의 '귀'와 녹용의 '용'이 합쳐진 것입니다. 녹용은 대표적인 보약이고, 당귀는 특히 혈을 보해 주는 보약이에요. 백일해, 기관지 허약증 등 호흡기계 질환에 취약한 아이들에게 더욱 좋습니다. 녹용과 당귀를 기본으로 해서 여러 가지 약을 증상에 따라 가미할 수 있습니다. 소화 기능이 약한 아이에게는 백출(삽주 뿌리)을, 헛배가 부르고 기운의 소통이 잘 안 되는 아이에게는 진피를, 평소에 땀을 많이 흘리고 기력이 없는 아이에게는 황기를 더하면 좋습니다. 구기자는 체력을 좋게 하며 성장에 필요한 진액을 보충해 주고, 용안육은 마음을 안정시키고 단맛이 있어 입맛을 돋워 주고 약맛도 좋게 해 줍니다. 산약(마 뿌리)은 비위 기능을 좋게 하고, 폐의 기운을 보해 줘 기침을 멎게 합니다.

귀용탕은 어린아이부터 임산부, 노인에게까지 두루 쓰이는 보약인데, 특히 어린이 성장에 효과가 좋습니다. 단 열이 많거나 축농증, 비만이 있는 아이가 먹었을 때는 배가 아프거나 피부에 열꽃이 필 수 있으니, 아이의 체질과 증상을 고려해 약재를 가미하고 각 약재의 양도 조절해야 합니다.

'건강하게' 크는 것이 더 중요하다

뭐든 어릴 때 배운 것이 오래갑니다. 운동도 공부도 그렇습니다. 건강도 마찬가지고요. 성인이 된 후에 뒤늦게 관리하는 것보다 어릴 때부터 튼튼하게 성장하는 것이 평생 건강을 위해서 더 좋지요. 성인이 되어 몸이 이미 상한 후 보약을 먹는 것보다, 어릴 때 복용하면 그 시간이 짧더라도 훨씬 효과적이고 효능이 오래가요. 물론 이는 정확한 진단을 바탕으로 처방된 약을 적절히 복용했을 때를 말하는 것이고요.

키가 크는 것도 중요하지만 그보다 더 중요한 건 '건강하게' 크는 겁니다. 콩나물처럼 키만 크고 체력이 뒷받침되지 못한다면, 아이는 성인이 되어서도 약한 체질에서 벗어날 수 없을 겁니다. 뭔가를 하고 싶은데 몸이 따라 주지 않는 것만큼 안타까운 일도 없지요. 아이들이 행복한 미래를 꿈꿀 수 있게 건강의 기초를 잡아 주세요. 생활 속에서 몸에 좋은 작은 것부터 실천하게 한다면, 그 결과는 분명 뿌듯하고 보람찰 것입니다.

소화 불량:
비장이 약하면 성적도 떨어진다

아이들은 배가 아프다고 할 때가 많습니다. 실제로 배가 아픈 경우도 있고, 어디가 아픈지 잘 몰라 그저 불편한 느낌을 말하기 위해 복통을 호소하기도 하죠.

소화가 안 된다고 하면 보통 음식을 먹고 체기가 있어 답답하다거나 더부룩한 느낌을 떠올리는데요. 그런 상태에서는 주로 명치와 배의 윗부분에서 불편함이 느껴지죠. 이는 상부 소화관(식도, 위, 십이지장), 특히 위에서 소화가 안 될 때입니다.

위염의 원인은 헬리코박터균 감염, 과식, 장기간의 약물 섭취 등 여러 가지입니다. 이뿐 아니라 천천히 식사 시간을 누리지 못하고 학교, 학원 등의 시간에 맞춰 급하게 먹거나 국이나 물에 밥을 말아 잘 씹지 않고 후루룩 먹는 것도 위에 좋지 않죠. 밥보다 각종 방부제, 인공 감미료, 향료 등이 함유된 과자, 라면 등으로 끼니를 때우는 아이들의 경우엔 위가 더 안 좋을 수 있습니다.

요즘 아이들은 패스트푸드, 인스턴트식품을 자주 먹어 위염뿐 아니라 장염, 변비에도 곧잘 시달립니다. 장염은 아이스크림 같은 찬 것을 많이 먹거나, 상하거나 자극적인 음식을 먹었을 때 걸릴 수 있는데요, 장염에 걸리면 구토, 설사를 하거나 복부 팽만감, 복통을 느낍니다.

복통의 여러 이유들

변비 때문에 복통을 호소하는 아이도 점점 많아지는 추세입니다. 아이들은 보통 채소나 과일보다 고기나 가공식품 등을 선호하다 보니, 장내 세균이 불균형을 이루어 변비에 걸릴 때가 있습니다. 오랜 시간 앉아서 공부를 하거나 스마트폰, 컴퓨터 게임 등을 즐기면서 밖에서 뛰어노는 시간이 줄어들어 장운동이 저하된 것도 한 원인이죠.

역류성 식도염도 복통의 원인이 되니 조심해야 합니다. 먹자마자 눕거나 엎드려서 스마트폰을 보는 행동은 역류성 식도염을 일으키기도 하는데요. 역류성 식도염은 위 내용물이나 위산이 식도로 역류해 식도에 염증을 일으키는 것으로, 주로 어른들의 병이라고 여겨져 왔습니다. 임신 때문에 생기기도 하고, 스트레스나 소화 불량, 음주 때문에 위염과 함께 발병하는 경우도 많죠.

그런데 요즘은 아이들도 역류성 식도염에 시달리고 있습니다. 학원이나 독서실에서 늦게 끝나고 집으로 돌아와 기름지고 자극적인 야식을 많이 먹고 얼마 지나지 않아 잠자리에 드는 경우가 많기 때문입니다. 카페인이 든 음료나 탄산음료를 같이 마신다면 증상이 더 나빠지기 쉽죠. 역류성 식도염에 걸린 아이들은 주로 누웠을 때 신물이 나거나 가슴 쓰림과 답답함, 복통을 느낍니다. 이런 상태가 오래가면 만성 기침이 나거나 쉰 목소리가 나기도 하고, 목에 뭔가 걸린 듯한 이물감을 호소하기도 해요.

이 밖에도 감기에 걸렸을 때 주로 복통이 함께 오는 아이도 있고, 호흡기계 질환으로 인해 기침이 잦아 복통을 느끼는 경우도 있습니다.

만병의 근원이 스트레스라고 했지요. 그건 아이들에게도 마찬가지입니다. 학업, 친구, 가정 문제 때문에 받는 스트레스가 위염, 역류성 식도염으로 나타날 뿐 아니라 스트레스 그 자체가 자율신경을 억압해 소화기관의 기능을 떨어트리기도 합니다. 어른들이 보기엔 작은 일도 아이들에겐 큰일로 다가와 몸 상태에 직접적인 영향을 미칠 때가 많습니다. 이럴 때 흔히 꾀병을 부린다고 오해를 받기도 하죠. 물론 누군가의 관심을 받기 위해 혹은 싫은 일을 피하기 위해 진짜 꾀병을 부리는 친구들도 가끔 있긴 하지만요.

복통의 원인이 소장일 수 있다

일시적인 복통은 대부분 원인이 뚜렷하고 그 원인을 제거하는 방향으로 생활습관을 고치면 좋아질 때가 많습니다. 문제는 원인을 찾지 못했을 때입니다. 복통을 장기간 방치하면 아이들의 성장, 발달에 악영향을 끼칠 수 있는데요. 위나 대장이 안 좋을 때는 증상이 뚜렷하고 즉각적인 불편함을 느끼는 반면, 소장이 안 좋을 때는 그렇지 않아 아이들은 심지어 본인이 소화가 안 된다는 걸 인식조차 못하기도 합니다.

음식을 먹으면 식도, 위를 거쳐 소장에 이르기까지 서너 시간이 걸립니다. 음식을 먹은 직후 속이 부대끼거나 얹힌 것 같은 느낌이 든다면 위에서 소화가 잘되지 않아서입니다. 그래서 사람들은 보통 속이 안 좋으면 위에 문제가 있는 거려니 생각합니다. 그런데 음식을 먹은 지 꽤 시간이 지난 뒤에도 몸이 뭔가 불편할 때는 소화 문제로 연결하지 못하곤 합니다. 이미 시간이 한참 지났고, 장까지 내려가는 동안 아프지 않았기 때문에 소화가 아닌 다른 쪽에서 원인을 찾을 때가 많죠. 더군다나 위의 기능은 정상이고 소장에서만 소화 흡수가 잘 안 될 때는 큰 통증이 없어 방치하는 경우가 적지 않습니다.

소장은 길이가 6~7미터에 이를 정도로 길고 음식물의 소화 흡수에서 가장 중요한 소화기관입니다. 대장보다 3배나 긴 데다 수많은 주름을 갖고 있어 많은 영양분을 효율적으로 흡수합니다. 요즘은 소장이 건강해야 면역력이 높아진다는 연구 결과도 속속 발표되고 있죠.

이렇게 중요한 소장이 약해지는 원인을 한의학에서는 비장의 기능으로 설명합니다. 소장과 비장이 무슨 관계이기에 갑자기 비장을 이야기하는 것일까요? 한의학에서 말하는 비장은 현대의학에서 말하는 비장(지라)과는 조금 다릅니다. 비장뿐 아니라 췌장(이자), 소장의 일부까지 포함하는 넓은 개념입니다. 췌장은 위장의 뒤쪽에 위치하면서 다양한 소화 효소와 호르몬을 분비하는 중요한 장기이죠. 비장은 보통 위장과 한데 묶어 비위라고 하는데, 둘은 소화 작용에 관여합니다. 한의학에서는 위가 음식물을 담는 밥그릇이라면 비장은 소화된 음식물을 바탕으로 몸에 필요한 기와 혈을 만드는 곳이라고 여깁니다. 그만큼 비장을 중시합니다. 즉, 비장은 오장(간, 심장, 비장, 폐, 신장) 중에서 소화를 담당하는 가장 중심이 되는 장부이자 우리 몸에서 가장 중요한 피와 살 그리고 에너지를 만들어 내는 장기이지요.

소화에 좋은 약재들

비위를 국어사전에서는 '음식물을 삭여 내는 능력, 어떤 음식을 먹고 싶은 마음'이라고 풀이해요. "비위가 약하다", "비위가 상한다", "비위가 약해서 비린 음식은 못 먹어", "생선 비린내를 맡자 비위가 상했다" 같은 말을 일상에서도 자주 들을 수 있습니다.

소화를 돕는 대표적인 약재 세 가지를 꼽자면 산사, 신곡, 맥아입니다. 산사(산사나무의 열매)는 주로 고기를 먹고 체했을 때, 맥아(겉보리를 발아시킨 것)는 쌀이나 밀 등 곡류를 먹고 체했을 때 씁니다. 신곡은 밀가루와 밀기울에 팥가루, 으깬 살구 씨, 개똥쑥 즙, 도꼬마리 즙, 버들여뀌 즙 등을 넣고 반죽하여 누룩으로 발효시킨 것으로 예로부터 한방 소화제로 사용되었어요. 이 약재들은 모두 비장 경락과 위장 경락에 들어가 비위를 건강하게 합니다.

산사, 신곡, 맥아(왼쪽부터)

이 세 가지 외에도 소화를 돕는 약재로 나복자(무씨), 곡아(벼를 발아시켜 말린 것), 백두구(백두구의 열매), 후박(후박나무의 줄기나 뿌리껍질) 등이 있습니다. 이 약재들도 비위 경락에서 작용을 합니다. 물론 계내금(닭 모래주머니의 내막), 사인(축사 혹은 양춘사의 열매) 등 귀경에 소장 경락이 포함된 소화에 좋은 약재도 있지만 상대적으로 그 수가 적습니다. 여기서 귀경이란 약재가 선택적으로 작용하는 장부와 경맥으로, 어떤 약재가 몸에 들어갔을 때 효능을 나타내는 곳을 말합니다.

비장이 약하면 성적도 떨어진다

앞서 말했듯이 한의학에서는 소화와 관련된 장기 중 비장을 유독 중시하는데요. 이런 비장이 약하다면 성장기 아이들은 큰 타격을 받겠죠. 단지 소화가 안 돼 답답한 수준에서 그치는 문제가 아니니까요.

얼마 전 한의원에 초등학교 6학년 남학생이 왔습니다. 유도를 배우고 있었는데, 무릎이 안 좋다고 침을 맞으러 왔어요. 아이와 함께 온 어머니는 아이가 운동신경도 좋고 운동실력도 좋은데 같이 운동하는 다른 아이들에 비해 유독 자주 다쳐서 속상하다고 하시더군요. 맥을 잡고 진단을 해 보니 비장이 약했습니다. 그 때문에 입맛이 없고 음식을 적게 먹었던 거지요. 여느 아이들과는 비슷한 양을 먹었지만, 이른 새벽부터 하루에도 몇 시간씩 운동을 하는 아이치고는 너무 적게 먹었던 겁니다. 그래서 어머니께 "**이는 비위가 약하네요" 했더니 "아뇨, 얘 비위가 얼마나 좋은데요. 화장실 옆에서도 아무렇지도 않게 밥 먹는 애예요" 하면서 웃으시더군요. 한의학에서 쓰는 비위가 아닌 우리가 일상에서 흔히 쓰는 비위의 뜻으로 생각하신 거지요.

비장이 약하면 먹은 지 오래돼도 소화 흡수가 잘되지 않고 그 결과 밥맛이 별로 없게 돼요. 그다지 배고프지 않으니 자연히 음식도 찾지 않게 되죠. 늘 배가 그득하게 부른 느낌이 들고 몸이 무거워 자꾸만 눕고 싶어지고요. 또 생각이 많아지고 얼굴빛이 누런색을 띠며 팔다리가 무력해지기 쉬워요. 하지만 아이들의 경우 양기가 강하다 보니, 비장이 약하더라도 어른만큼 이런 증상이 두드러지지는 않을 때가 많죠. 더군다나 유도를 하는 이 학생은 워낙 부지런한 성격이라 운동도 다른 활동도 열심히 했는데요. 문제는 그만큼 몸이 안 따라 주니 즉, 비장이 약하다 보니 몸에서 요구하는 만큼 음식을 먹고 싶지도 않고, 먹었더라도 충분히 흡수하지 못해서 자꾸 다쳤던 것이죠. 이런 아이들은 커서도 계속 운동을 하기가 쉽지 않아요. 체격을 키우는 것이 다른 아이들에 비해 어렵기 때문이지요. 훨씬 더 영양가 있는 음식을 많이 챙겨 먹으려는 노력이 필요합니다. 단기간의 노력으로는 성과를 얻기 어렵고 오랜 시간이 걸릴 수 있습니다.

운동을 하지 않는 아이들도 마찬가지입니다. 공부도 체력이란 말이 있죠? 머리도 좋고 공부도 잘하는 아이들 중에 학년이 올라갈수록 성적이 떨어지는 경우가 있습니다. 특히 생각이 많은 아이일수록 그런데요. 한의학에서는 오장과 감정이 밀접하다고 봅니다. 간은 분노, 심장은 기쁨, 폐는 슬픔, 신장은 공포나 두려움과 연결되는데요. 비장은 생각과 걱정 등의 감정과 관계가 깊습니다. 모든 감정은 각각의 장단점이 있고 서로 균형과 조화를 이루어야 해요. 그런데 지나치게 생각이 많아지면 비장이 약해져 입맛이 떨어지고 밥 생각이 안 나게 됩니다. 두뇌 발달의 기본이자 필수는 잘 먹는 것인데, 이렇게 비장의 기능이 떨어지면 필요한 만큼 충분히 영양분을 섭취하지 못하게 되지요. 당연히 머리가 멍해지고 집중력이 떨어집니다. 두뇌뿐 아니라 성장에도 악영향을 끼친다는 건 두말할 필요가 없습니다.

이렇게 비장은 소화뿐 아니라 사람의 전체 건강에서 아주 중요한 역할을 합니다. 특히 아이들의 성장과 발달을 책임지는 중요한 장부라 할 수 있는데요. 밥맛이 없는 아이, 잘 먹는 것 같은데도 기운이 없는 아이, 팔다리에 힘이 없고 자꾸 눕고 싶어 하는 아이라면 비장이 약한 것은 아닌지 의심해 보세요. 아이들은 기본적으로 양기와 에너지가 충만하기 때문에 소화 기능만 조금 더 좋아져도 단기간에 빠른 속도로 건강을 되찾을 수 있습니다. 아이들의 하루가 훨씬 더 기분 좋고 활기차게 될 거예요.

감기:
아플 곳을 알아낼 기회다

　남녀노소 가릴 것 없이 병원을 찾는 주요 이유이자 만병의 시작이라고도 불리는 질환, 바로 감기입니다. 실제 감기가 아니더라도 수많은 질병이 처음 시작될 때 감기처럼 나타나기도 하죠. 건강한 사람이라도 감기 한번 걸려 보지 않은 사람은 없을 겁니다. 이처럼 감기는 아주 흔한 질병이지요.

감기는 왜 걸리는 걸까

감기는 바이러스 때문에 걸리는데, 같은 바이러스에 노출되었다고 해서 모두 감기에 걸리는 건 아닙니다. 그렇다면 무엇이 감기에 걸리게 하는 것일까요? 바이러스를 제외한 다른 원인들도 알아보겠습니다.

감기에 걸리는 흔한 원인 중 하나가 날씨입니다. 보통 겨울에 감기에 더 잘 걸리고, 하루의 기온차가 큰 환절기에도 많이 걸립니다. 주변 환경이 너무 춥거나 덥거나 건조하거나 습할 때 우리 몸은 스트레스를 받습니다. 여름에 오래 에어컨 바람을 쐬거나 밤에 잘 때 목이 깔깔할 정도로 건조할 때에도 감기에 걸리기 쉽습니다. 육체적으로 정신적으로 힘들 때도 마찬가지고요. 그로 인해 면역력이 떨어지면 감기에 걸리는 겁니다.

결국 감기에 걸리느냐 아니냐는 우리 몸의 면역력이 감기 바이러스를 이겨 낼 수 있느냐에 달려 있습니다. 평생 한 사람이 감기에 걸리는 횟수는 200번 정도라고 합니다. 그만큼 자주 걸릴 수 있기 때문에, '난 절대 감기에 걸리지 않겠어'라고 결심하기보다는 걸렸을 때 많이 힘들지 않고, 낫고 난 다음에 금방 건강을 되찾을 수 있는 방법을 찾는 것이 더 중요하죠.

"감기는 약을 먹으면 일주일 동안 가고, 안 먹어도 7일이면 낫는다"는 말이 있습니다. 일주일이나 7일이나 같은 기간이죠. 이런 말

바탕엔 '감기는 시간이 지나면 자연히 낫는 병이니까 크게 신경 쓰지 않아도 된다', '약을 먹는다고 해서 빨리 낫는 병도 아니다' 등의 안일한 마음이 깔려 있는데요. 반은 맞고 반은 틀린 말입니다. 건강한 사람에게 감기는 다소 불편하고 힘들지만 결국은 낫게 되는 가벼운 병입니다. 하지만 몸이 허약한 사람에게는 그렇게 쉽게 낫지 않는 것 또한 감기입니다. 나을 듯 나을 듯 하면서 한 달 내내 이어지기도 하고, 이제 나았나 하는 순간 다시 걸리기도 합니다. 감기에 걸리면 면역력이 떨어지면서 기존에 갖고 있던 다른 질환이 심해지기도 하고, 새로운 다른 병에 노출될 가능성도 커집니다. 특히 아이들은 감기에 걸리면 어른에 비해 고열이 날 때가 많아 걱정이 깊죠.

감기는 허약한 부분을 드러낸다

성인이 되기 전에 만든 건강과 체력이 평생을 좌우하는 만큼, 감기에 걸렸을 때 어떻게 관리해 주느냐가 아이의 평생 건강에 영향을 미칠 수 있습니다. 감기를 잘 이겨 내는 아이는 오히려 감기 걸리기 전보다 더 건강해질 수 있으니까요. 예방주사를 미리 맞으면 항체가 생겨서 실제 병에는 걸리지 않는 것처럼 말입니다. 감기가 '건강을 위한 필요악'이라는 말이 나온 것도 이러한 이유에서입니다. 심지어 감기를 자주 앓았던 사람은 암에 걸릴 확률이 작다는 연구 결과까지 있습니다. 감기에 걸렸다가 낫는 과정을 반복하면서, 면역 체계가 강화되었기 때문이죠.

'빈익빈 부익부'라는 말이 건강처럼 잘 들어맞는 경우도 없을 겁니다. 건강한 아이는 감기 등 가벼운 질병을 겪으면서 더 단단해질 수 있지만, 허약한 아이는 감기 때문에 체력이 더욱 떨어지고 더 많은 질병에 노출될 수 있습니다. 건강한 아이는 혹여나 사고나 심각한 병에 걸렸다 해도 이겨 내기 쉽지만, 허약한 아이는 회복하기가 너무나 힘들죠. 병이 나았다 해도 이전보다 더욱 약해져 있기 쉽습니다. 다행히 아이들은 어른에 비해 양기(에너지)가 충분하고 회복력이 강하기 때문에 약한 아이들이라도 성인에 비해 얼마든지 건강한 체질로 발전할 수 있는 여지가 많습니다.

감기에 걸리면 발열, 콧물, 기침, 근육통을 비롯해 두통, 소화 장애, 설사까지 다양한 증상이 나타납니다. 증상의 차이는 감기 바이러스의 차이에서 올 수도 있지만, 같은 바이러스라도 사람마다 증상이 다를 때도 있습니다. 가족이라 하더라도, 어떤 사람은 고열이 나고, 어떤 사람은 기침과 인후통이 심하고, 어떤 사람은 콧물이 많이 나오기도 합니다. 이런 증상을 통해 각 개인의 약한 부분이 어디인지 확인할 수 있지요. 평상시 비염이 있는 사람은 콧물 증상이, 기관지나 폐가 약한 사람은 기침·가래가 심하고, 소화기관이 약한 사람은 감기만 걸리면 배가 아플 수 있어요.

그러므로 감기에 걸린다는 건 지금 어떤 특정한 질환을 앓고 있지 않더라도 후에 약해질 가능성이 있는 부위를 알아낼 기회일 수 있습니다. 나이가 들고 몸이 허약해졌을 때 말입니다. 예를 들어 평소에 감기에 걸리면 기침, 인후통 등 호흡기계 질환이 자주 나타났다면 폐와 기관지 건강을 미리미리 신경 써서 관리할 수 있겠지요.

아이가 아프다고 하는 곳을 주시할 것

  아이들도 마찬가지입니다. 감기에 걸리면 배가 아프다고 복통을 호소하는 아이도 있고, 머리가 아프다고 짜증을 내는 아이도 있습니다. '감기에 걸렸는데 왜 배가(혹은 머리가) 아프다고 하지? 꾀병 아닌가'라는 의구심이 들기도 하죠. 하지만 한두 번이 아니라 감기에 걸렸을 때마다 자주 아이가 이런 증상을 호소한다면, 좀 더 아이의 상태와 체질에 대해 살펴볼 필요가 있습니다. 사상체질로 보자면 소음인의 경우에는 소화기관이, 태음인은 호흡기계가 약하고, 소양인은 두통과 중이염, 편도선염 등에 더 잘 걸립니다. 물론 체질뿐 아니라 개개인에 따라 차이가 있기 때문에 전반적인 몸 상태를 함께 살펴봐야겠지요.

  감기에 걸렸을 때 머리가 아프다고 해서 해열진통제부터 급하게 쓸 필요는 없습니다. 이런 때에는 머리에서 기혈이 잘 순환되지 않는 경우가 많으니 목을 천천히 과하지 않게 스트레칭해 주는 것이 도움이 됩니다. 뒷목에서 어깨 쪽으로 근육이 단단하게 뭉쳐 있지는 않은지 살펴보고 뭉쳐 있다면 풀어 줍니다. 귓불 뒤쪽 움푹 들어간 곳(예풍 혈, 입을 벌리면 움푹 들어가는 곳)이나 눈과 귀 사이에 있는 관자놀이(태양 혈) 부근을 마사지해 주는 것도 좋습니다.

감기를 앓을 때 소화가 안 되고 배가 아픈 아이에게는 소화가 잘 되는 음식을 주는 것이 중요합니다. 아이는 입맛이 없다 보니 밥보다는 과자나 다른 자극적인 음식을 찾을 텐데요, 이때 소화가 안 되는 음식을 먹다 보면 열이 더 오를 수 있으니 조심해야 합니다. 소화 기관에 부담이 없는 흰쌀밥이나 찹쌀밥, 죽을 조금씩 주는 것도 좋습니다.

감기 치료 한약과 함께 먹으면 좋은 쌍화탕

감기 치료에 쓰이는 한약은 종류가 다양합니다. 그중 갈근탕, 삼소음, 소청룡탕, 연교패독산 등은 건강보험이 적용돼 저렴하게 한의원에서 처방받을 수 있습니다. 갈근탕은 감기 몸살이 나고 뒷목이 뭉치고 어깨가 결릴 때 처방할 수 있으며 태음인에게 효과적입니다. 삼소음은 그 이름처럼 인삼과 소엽이 들어간 처방으로 감기로 인한 두통, 발열, 기침, 콧물 등 다양한 증상에 이용할 수 있습니다. 약이 순하고 부드러워 아이, 노인 그리고 허약한 사람의 감기에 좋습니다.

예풍과 태양 혈. 예풍은 인후염·중이염·이하선염·경련·치통·이명 등에, 태양은 두통·결막염을 비롯한 눈병·고혈압 등에 이용된다.

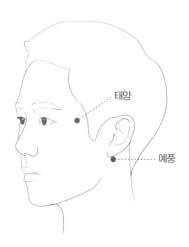

태양

예풍

소청룡탕은 콧물, 가래가 있는 감기나 비염에 자주 쓰이는 약입니다. 연교패독산은 목이 아프고 붓는 감기에 좋으며 후두염, 인두염, 급성 상기도염 등 염증이 있는 질환에 다양하게 활용되고 있습니다.

보통 감기 치료 한약 하면 가장 먼저 떠올리는 것이 쌍화탕일 겁니다. 오래전부터 약국 등에서 판매돼 왔기 때문에 익숙해서 더 그럴 것 같습니다. 그런데 원래 쌍화탕은 감기에 쓰이던 처방은 아니었습니다. 《동의보감》에서는 정신과 육체가 피로할 때, 몹시 힘든 일을 한 후 성생활을 했을 때, 큰 병을 앓고 난 뒤에 기운이 빠지고 땀이 흐를 때 등 기혈이 손상되었을 때 처방했어요.

쌍화탕은 백작약, 천궁, 숙지황, 황기, 당귀, 계피, 감초 등으로 구성되는데, 사물탕과 황기건중탕이 합쳐진 처방입니다. 사물탕은 숙지황, 백작약, 천궁, 당귀로 이루어졌으며, 혈을 보하는 대표적인 약입니다. 빈혈, 생리 불순, 산후 변비, 갱년기 장애 등 혈이 부족한 다양한 질환에 두루 쓰이지요. 황기건중탕에서 '건중'은 '중초를 건강하게' 한다는 뜻을 가졌는데 이때 중초란 소화기관(비위)입니다. 건중탕에 황기가 더해져 기를 보해 줍니다. 황기는 기운을 더해 주는 약재예요. 즉, 쌍화탕은 기와 혈을 더해 주고 소화기관까지 튼튼하게 해 주는 효과가 있습니다.

이 때문에 쌍화탕은 열이나 기침, 콧물이 심할 때 쓰는 감기약이라기보다는 감기가 오래 안 낫는 사람에게 쓰거나 허약한 사람이 감기에 걸렸을 때 활용하면 좋은 약입니다. 감기가 2~3주가 지나도록 오랜 기간 낫지 않는 사람은 기혈이 부족해서 병을 이겨 내지 못하는 겁니다. 감기약만 계속 먹는다고 해서 효과를 얻기는 어려운 상태인 거죠. 평소 병약했던 분들이 감기에 걸린 경우도 마찬가지고요. 이럴 때는 감기에 주로 사용하는 한약과 함께 쌍화탕을 먹으면 도움이 됩니다. 콧물이 심한 사람은 소청룡탕과 쌍화탕을, 몸살감기인 사람은 갈근탕과 쌍화탕을 함께 복용하는 식으로 말입니다.

과로했거나 피곤해서 왠지 감기에 걸릴 것 같다, 몸살이 날 것 같다 싶을 때는 미리 쌍화탕을 먹어 두면 좋습니다. 쌍화탕은 아이들이 한창 클 때 몸이 쑤시고 아픈 성장통에도 도움이 됩니다. 쌍화(雙和)라는 이름에서도 알 수 있듯이 음과 양을 조화시키고 기와 혈을 모두 보하는 좋은 약입니다.

감기는 사는 동안 수도 없이 겪는 흔한 질환이죠. 중요한 일을 앞두고 있거나 힘든 일이 있을 때 감기에 걸리면 난감한데요. 추운 날에는 따뜻하게 옷을 입고, 환절기에는 옷을 여러 벌 겹쳐 입어 기온 차에 대비하고, 외출하고 돌아와서는 꼭 손을 씻는 습관을 들이면 좋겠습니다. 실내에 있을 때는 온도와 습도를 적당히 관리하고, 피곤한 날은 푹 쉬어 몸에 무리가 가지 않게 해야 합니다.

감기에 걸리지 않도록 이렇게 잘 관리하는 것이 먼저이지만, 그래도 감기에 걸렸다면 되도록 과로하지 않고 휴식을 취하며 소화가 잘되는 음식을 섭취하는 게 좋습니다. 똑같이 일주일을 앓더라도 심하지 않게 그리고 나았을 때 체력이 떨어지지 않게 하는 것이 중요하니까요. 감기에 걸렸을 때 짜증을 내기보다는 '내 몸이 쉬라는 신호를 보냈구나' 하고 긍정적으로 생각하고, 평소 내가 약했던 부위가 어딘지 살필 수 있는 기회로 삼으면 좋을 것입니다.

에필로그

한의학을 신뢰해도 되는 이유

한의학에 대해 말할 때 늘 빠지지 않는 질문이 "한의학은 과학적인가요?"입니다. 여기서 '과학적'이란 말은 보통 정확성과 타당성 그리고 보편성을 갖추었느냐는 뜻일 겁니다. 과학의 발전 과정을 보면, 새로운 가설이 나오고 그것이 실험을 통해 검증되면 기존의 이론은 폐기될 때가 많았습니다. 천동설이 지동설로 바뀐 것처럼 말이지요.

그런데 한의학에서는 어느 한 가지 이론이 옳다고 하지 않습니다. 여러 측면에서 바라봅니다. 그렇다 보니 "뭐가 진짜 맞는 거야? 귀에 걸면 귀고리고, 코에 걸면 코걸이 아냐?"라고 반문합니다. 체질을 물으면 이 한의원에서는 소음인이라더니 저기서는 소양인이라고 합니다. 도통 뭐가 맞는지 아리송할 뿐입니다. 이런 경험들이 모여 결국 사상의학 자체에 대한 불신으로 이어지기도 합니다. 물론 한의학에 대한 불신이 깊어진 데에는 1장에서 다루었듯이 역사적 배경을 제쳐 놓고 말할 순 없겠지만요.

현대의학의 구멍

요즘은 근거중심의학(Evidence-based medicine) 시대입니다. 근거를 바탕으로 의학적 판단을 하고, 의료 시술을 한다는 뜻이죠. 이때 근거란 과학적 증거를 말합니다. 근거중심의학이란 개념이 등장한 것은 1990년대 이후로 얼마 되지 않았어요. 이전에는 의학적 판단을 내릴 때 의사 개인의 능력과 경험을 더 중요시했지요. 하지만 이제는 과학적 근거를 중심으로 판단하자고 합니다.

증상은 같은데 의사마다 다른 진단, 다른 처방을 할 때가 있습니다. 하지만 근거중심의학이 대두되었으니 이러한 현상은 점차 줄어들 겁니다. 과학 기술이 발전하면서 진단 기계도 발달했는데, 이것이 근거중심의학을 실천할 수 있게 하는 든든한 토대가 되어 주고 있습니다. 진료 과정 역시 지침(가이드라인)에 따라 체계화되고 있고요.

한의학에서도 근거중심의학의 장점을 인정하고 받아들이려고 노력 중입니다. 과학적 실험과 연구도 하고, 진단과 처방도 표준화하려 하고 있지요. 한의사는 보통 다음 과정을 거쳐 진단합니다. 먼저 환자의 안색과 상태를 살피고, 목소리와 호흡, 기침 소리 등도 들어 봅니다. 여러 질문을 통해 증상에 대한 정보를 얻고, 맥을 짚거나 손발이 찬지 어떤지 만져 보기도 합니다. 이런 것들을 종합해서 판단을 합니다. 요즘에는 맥진의 결과를 그래프로 나타내 환자가 직접 눈으로 확인할 수 있게 하는 맥진기도 개발되어 사용되고 있습니다. 체질을 진단하는 기계도 있습니다. 얼굴 생김새나 체형을 분류하고, 목소리를 측정하고, 설문 조사를 바탕으로 한 성격도 함께 넣어 분석합니다. 그러면 얼굴에는 소음인의 특성이 많지만 체형에서는 태음인의 특성이 좀 더 높게 나타나고 성격은 소양인의 특성을 띠는 경우도 있습니다. 예를 들어 총 100퍼센트 중 38퍼센트는 소음인 특성, 30퍼센트는 태음인 특성, 28퍼센트는 소양인 특성, 4퍼센트는 태양인 특성을 보였다면, 최종적으로 소음인으로 판정하겠지요.

환자들이 자신의 상태를 직접 눈으로 보고 이해할 수 있게 돕는 진료 과정은 필요하고 중요합니다. 하지만 근거중심의학 자체가 항상 옳다고 할 수는 없습니다. 의학은 살아 있는 인간을 다루는 것이고, 개인은 저마다 다른 특성을 갖고 있기 때문이지요. 과학에 기반을 둔 의학이 늘 합리적이고 옳다고 생각하기 쉽지만, 그 내용 자체가 잘못돼 하루아침에 바뀔 수 있다는 사실을 과학사는 말해 주고 있습니다.

의약품 부작용의 대표적인 사례를 꼽자면 탈리도마이드 사건이 아닐까 싶습니다. 탈리도마이드는 1950년대에 독일에서 판매된 진정제이자 수면제인데, 1960년대 초반까지 임신부의 입덧에 효과가 있다고 알려졌죠. 안전하고 부작용이 없다고 광고까지 되었던 제품인데, 약을 복용한 임신부가 팔다리가 짧거나 없는 기형아들을 출산하는 일이 늘어났습니다. 사망한 아이들이 5천 명이 넘었고요. 현재까지도 이 약물 때문에 고통받는 사람들이 있을 정도로 전 세계를 놀라게 한 충격적인 사건이었습니다.

그렇다면 이 약은 역사에서 사라졌을까요? 아닙니다. 인체 내 면역 반응을 조절하거나 새로운 혈관이 형성되는 걸 억제하는 효과가 있다고 밝혀지면서 다발성 골수종, 한센병, 에이즈 치료 등에 이용되고 있습니다.

20세기 초반의 정신과 치료 방법인 전두엽 절제술 같은 수술도 마찬가지입니다. 전두엽 절제술은 뇌의 일부인 전두엽 신경을 절제하는 것으로 포르투갈의 신경과 의사 안토니우 에가스 모니스가 개발했습니다. 이 공로로 모니스는 1949년 노벨 생리의학상을 받기도 했습니다. 전두엽 절제술은 당시 획기적인 치료법으로 인정받았고, 수술 방법도 두개골에 구멍을 뚫는 것에서 안구를 통해 뇌로 들어가는 등 점차 발전하면서 여러 나라에서 행해졌습니다. 미국 케네디 대통령의 여동생인 로즈마리까지 이 수술을 받았을 정도지요.

그런데 이 수술을 받은 환자들은 언어 구사 능력과 지적 능력이 떨어졌을 뿐만 아니라 인간성, 도덕성 등에서까지 문제가 생겼습니다. 감정 표현이 줄어들었고 사망하는 경우까지 생기는 등 각종 부작용이 발견되었죠. 〈뻐꾸기 둥지 위로 날아간 새〉라는 소설과 영화를 통해 이 수술이 더욱 이슈가 되기도 했는데요. 지금은 야만적이고 비인간적이라고 비판받지만 당시에는 어린아이의 행동 장애 치료에도 쓰였던 수술입니다.

의학의 대상은 개개인

반복된 실험을 토대로 객관성을 검증받을 때 '과학적'이란 말을 듣습니다. 탈리도마이드 사건이 일어날 때만 해도 임상 시험을 충분히 하지 않았습니다. 하지만 사건 직후에 실험용 쥐에게 이 약을 복용시켰을 때에도 부작용이 똑같이 나타나진 않았습니다. 즉, 의약품이나 수술을 인간에게 적용하기 전에 동물에게 먼저 적용할 때가 많지만 그들에게는 문제가 없을 수 있는 것이죠. 의학은 인간을 위해 연구하지만 임상 시험은 제한돼 있어 새로운 기술이나 성분을 적용할 때는 한계가 있기 마련입니다.

한의학에는 "이병동치(異病同治), 동병이치(同病異治)"라는 말이 있습니다. "병은 다르지만 치료법이 같을 수 있고, 같은 병이라도 다르게 치료할 수 있다"는 뜻입니다. 예를 들어 감기에 걸렸을 때 남녀노소 모두 같은 종합감기약을 먹는 것이 아니라, 환자의 증상과 체질을 살펴 치료한다는 것이지요. 겉으로 보기에는 두 사람이 똑같이 기침,

콧물이 있고 열이 나더라도 한 사람에게는 땀을 내는 것을 도와 열을 내리고 담음(가래, 콧물 등) 없애는 약을 처방해 주고, 다른 사람에게는 기력을 보해 줌으로써 스스로 이겨 낼 수 있는 면역력을 키워 줄 수도 있습니다.

이는 같은 사람이 다른 시기에 같은 증상으로 아플 때도 적용할 수 있습니다. 한 달 전에 배가 아팠는데 지금 또다시 배가 아프다고 했을 때, 환자 당사자는 그때나 지금이나 같은 통증으로 생각할 수 있습니다. 배꼽 아래쪽으로 꼬이듯이 아픈 것이 똑같다고 말이에요. 하지만 그때는 상한 음식을 먹고 장에 염증이 생겨 아팠지만, 지금은 배가 차서 장이 무력해지면서 마비가 생겼을 수 있습니다. 당연히 원인이 다르면 치료법도 달라져야겠죠. 만약 같은 병이겠거니 하고 잘못 판단하고 예전에 먹었던 소화제를 그대로 먹는다면 복통이 더 심해지고 구토를 하는 등 괴로울 수 있습니다.

이번에는 전혀 다른 병처럼 보여도 치료법이 같은 경우입니다. 위 하수나 자궁 하수, 탈항 등을 그 예로 들 수 있는데요. 위 하수는 위가 처진 증상을 말하는데, 위 하수를 앓는 사람에게는 위장 근육이 약해지고 위의 움직임이 약해지는 위 무력증이 나타나기 쉽습니다. 이렇게 되면 음식을 섭취할 때 위가 아래쪽으로 늘어지고, 음식물이 위 속에 오래 머물러 트림, 구역질이 나거나 명치 부근이 뜨끔거리고 속이 쓰린 증상이 나타나게 되죠.

자궁이 아래로 내려가는 질환인 자궁 하수는 방광이나 직장에 영향을 끼쳐 소변을 자주 보고 변비가 심해지게 합니다. 하복부가 불편하거나 허리 통증을 느낄 수도 있습니다. 이렇게 보면 위 하수는 소화기관의 문제, 자궁 하수는 생식기로 인한 비뇨기계의 문제로 서로 영향이 없을 것 같아 보입니다. 하지만 한의학에서는 두 질환의 원인을 같은 것으로 보고 치료합니다. 비장의 기운이 약해져서 잡아 주는 힘이 떨어진 결과로 보는 것이지요. 따라서 비위를 보해 아래로 처진 기운을 올려 주는 보중익기탕 같은 처방을 씁니다.

　이러한 "이병동치, 동병이치"는 언뜻 비과학적으로 비춰질 수 있습니다. 소화기 문제에 비위의 기운을 보하는 것은 이해가 가지만, 비위와 생식기·비뇨기가 무슨 관련이 있는지는 납득이 안 될 수도 있습니다. 하지만 현대의학이 보지 못한 부분을 보고 치료할 수 있는 장점이 한의학에는 분명 있습니다. 그리고 이러한 판단을 내리는 과정은 논리적이고 체계적입니다. 절대 '코에 걸면 코걸이, 귀에 걸면 귀고리'처럼 근거와 기준 없이 마음대로 갖다 붙이는 주먹구구식 치료를 하지는 않습니다.

한의학이 빛나는 순간

　인공지능 시대가 되면 사라질 직업 중 하나가 의사라고 합니다. 정밀한 기계가 인간의 손보다 더 빠르고 정확하게 수술을 할 수 있다는 것이지요. 의사 개인의 경험과 지식이 아무리 많다 한들 기존의 데이터들이 쌓여 있는 기계보다는 부족할 수 있습니다. 하지만 기계가 환자 개개인에 맞는 맞춤의학을 과연 실현할 수 있을까요?

한의학에서 말하는 기혈, 정, 담음 같은 개념은 모호해 보일 수 있습니다. 하지만 아직도 과학이 밝혀내지 못한 부분이 많습니다. 그러므로 지금의 과학으로 설명할 수 없다고 해서 그것을 비과학적이라고 폄훼할 순 없다고 생각합니다.

물론 한의학이 풀어야 할 숙제들도 있습니다. 어떤 한의사가 진료하더라도 같은 결론이 나와 환자에게 좀 더 신뢰감을 높일 수 있도록 진단을 체계적으로 표준화하고 그에 따라 처방할 수 있게 하려는 노력은 계속되어야 합니다. 다양한 과학적 실험을 통해 객관적인 자료를 갖추는 일도 더욱 활발히 진행되어야겠죠. 이러한 노력과 연구가 계속된다면 한의학은 더욱 발전하고, 현대의학이 놓친 부분을 채워 주는 중요한 버팀목이 될 것입니다.

책

김남일,《근현대 한의학 인물 실록》, 들녘, 2011.

김홍식,《세상의 모든 지식》, 서해문집, 2015.

나창수,《한의학 총강》, 의성당, 2001.

대한침구의학회 교재편찬위원회 편저,《침구의학》, 집문당, 2012.

레이첼 허즈,《욕망을 부르는 향기》, 장호연 옮김, 뮤진트리, 2013.

자오중전 외,《세계약용식물백과사전 1》, 한국학술정보, 2016.

한국한의학연구원,《사상체질의학 이야기》, 미래창조과학부 · 한국과학

창의재단 · 미래부 산하 정부출연연구원, 2015.

한의과대학 방제학교수 엮음,《방제학》, 영림사, 2019.

한의학대사전 편찬위원회,《한의학대사전》, 정담, 2001.

허원,《지적이고 과학적인 음주탐구생활》, 더숲, 2019.

허준,《동의보감》, 동의문헌 연구실 옮김, 법인문화사, 2009.

허준,《동의보감》, 동의과학연구소 옮김, 휴머니스트, 2002.

논문

〈헤스페리딘(hesperidin) 대사에 의한 대금음자와 평위산의 처방 해석〉,
김남재 · 김동현 · 배은아 · 한명주, 생약학회지, 1998.
〈독성학적 측면에서의 한약에 의한 간독성 유발과 기전〉, 박영철 · 박해
모 · 이선동, 대한한의학회지, 2011.
〈생약(한약) 등의 90일 반복 투여, 독성 시험(황금)〉, 김수현, 바이오톡스
텍, 2005.
〈입원 환자 138명에 대한 한약과 양약 병용에 따른 간 기능 변화 조사
*Influence of combined therapy with conventional and herbal
medicines on liver function in 138 inpatients with abnormal liver
transaminase levels*〉, Jun Hyuk Shin, Kyuseok Kim & Hae Jeong
Nam, BMC Complementary and Alternative Medicine, 2016.
〈조선 시대 왕들의 질병치료를 통해 본 의학의 변천〉, 김정선, 서울대학
교 대학원, 2005.

기사

〈'하루 술 한 잔은 건강에 좋다?' 건강에 좋은 적당량의 알코올은 없다〉,
헤럴드신문, 2019.12.20.
〈간 질환 – 남자가 여자보다 4배 많아〉, 헬스조선, 2007.01.09.
〈남녀 다른 폐암…女 환자 10명 중 9명 '흡연력 無', 男보다 생존율 높
아〉, 조선일보, 2019.08.16.

〈따뜻한 지역, '감초' 생육에 유리해〉, 농업경제신문, 2019.03.22.

〈물이 가장 맛있는 온도는 12℃… 물속 미네랄 많으면 맛 풍부해져〉, 헬스조선, 2017.07.26.

〈발산풍한약(發散風寒藥)-강활(羌活)의 기원식물〉, 데일리한국, 2018.04.02.

〈술 때문에…간 질환 50대 남성 가장 많아〉, 헬스조선, 2013.04.29.

〈양약이 한약보다 간 손상 더 유발〉, 내일신문, 2016.07.27.

〈위생경찰, 식민조선 만병골치약〉, 한겨레, 2006.3.23.

〈음주·흡연자, 男 줄고 女 늘어… "사회생활 때문에"〉, 시장경제신문, 2018.11.07.

〈'초등생 1명 무게' 25kg 거대 난소 종양 제거 순간(영상)〉, 국민일보, 2019.08.28.

〈한방 뇌종양 치료법-비강내주입(비훈)법이 강세〉, 헤럴드경제, 2014.10.31.

〈한약 먹었는데 왜 '약발' 없나 했더니…가짜!〉, 한국일보, 2019.08.27.

〈한의학 '열등생' 취급 이의 있소!〉, 한겨레, 2006.3.9.

웹사이트

두산백과 http://www.doopedia.co.kr

한국민족문화대백과사전 http://encykorea.aks.ac.kr

한국의약품시험연구원 http://www.kptr.or.kr

한국전통지식포탈 http://www.koreantk.com

한국콘텐츠진흥원 http://www.culturecontent.com

한국한의학연구원 https://www.kiom.re.kr

중년을 위한 동의보감 이야기 🍃

초판 1쇄 발행	2020년 9월 10일
지은이	윤소정, 유현용
펴낸곳	(주)행성비
펴낸이	임태주
책임편집	여미숙
그림	고성광
디자인	최성경
출판등록번호	제313-2010-208호
주소	경기도 파주시 문발로 119 모퉁이돌 303호
대표전화	031-8071-5913
팩스	0505-115-5917
이메일	hangseongb@naver.com
홈페이지	www.planetb.co.kr

ISBN 979-11-6471-110-9(03150)

행성B는 독자 여러분의 참신한 기획 아이디어와 독창적인 원고를 기다리고 있습니다. hangseongb@naver.com으로 보내 주시면 소중하게 검토하겠습니다.